The Transition of Jazz piano Textbooks

From 1936 up to Now

河合孝治　　河合明
Koji Kawai　　Akira Kawai

TPAF
1-42-8-107 Minamiogikubo, Suginami-ku,Tokyo,167-0052,Japan
Author and Edited by Koji Kawai, Akira Kawai

編著者:河合孝治、河合明
発行:TPAF

はじめに

本書は1936年から今日まで、主に日本とアメリカで出版されたジャズピアノの教本(作編曲の教本も一部含む)を中心に紹介したものです。
私が jazz に興味を持った高校生の頃、Jazz 界はソロ・ピアノブームでした。セシル・テイラー、マッコイ・タイナー、チック・コリア、キース・ジャレット、ダーラー・ブランド、スタンリー・カウエルと言ったピアニスト達が続々とソロ・ピアノ・アルバムをリリースしていました。そんな中、私もジャズピアノが弾きたいと思うようになりました。しかし、どうやって弾いたらよいのかわからない。そこで、とりあえず、学校帰りに御茶ノ水や銀座の楽器店に行き、何冊がジャズピアノの教則本を購入し、弾いてみることにしたのです。ところが実際にジャズの演奏に役立つ教本は少なくどの教本もジャズの音が今ひとつしないのです。試行錯誤の結果、ジョン・ミーガン著の「Jazz Improvisation4:Contemporary Piano Style」を洋書で入手して、やっとジャズの音に接することができたのです。

その後(現在のようにインターネットがない時代)、米ジャズ誌「ダウンビート」の広告を見たり、ニューヨークの古本店からカタログを取り寄せたり、バークリー音楽大学出身の友人に聞いたりして、新しい教本が出るとこれはと言うものは購入してきました。もっとも最近では出版数も多く、また同じような本も多いのであまり新刊書は購入しなくなりましたが、その代わり、ジャズ教本創成期の今では入手しにくい絶版書など文献学的、考古学的な興味が湧いてきたのです。従って、そのような本もなるべく取り上げることにしました。
尚、掲載した本は私が実際購入し、弾いてみた教本のみに限らせていただきました。それはアルバム評と同じように聴いていない音楽を批評することなどできないからです。従ってジャズ・ピアノ教本史(?)全体において、重要と思われる教本、教育者や学習者の間で評判の良い本でも、今回掲載できなかったものは数多くあると思います。この場を借りて、お詫びしておかなければいけません。それらは以後の改定版で反映させたいと思います。

尚、本書の留意点は以下の通りです。

1. 左から本のタイトル、著者名、出版者（出版社）名、出版年度

2. 出版年度の古い順から掲載した。

3. ジャズ・ピアニストは作曲家でもあるので、作編曲法の教本も可能な限り掲載した。

4. シリーズ本で、各本の出版年度が距たる場合でも、内容的に繋がりがあるものは出版年度が古い本と一緒に紹介した。

5. 出版年度未掲載の本は推定年度で掲載した。

6. 絶版書を多く掲載することに勤めた。

7. 原著、和訳本の両方がある場合、原著を優先的に掲載したが、資料が得がたいなど諸処の理由から、和訳本のみの本もある。

また、本書で紹介した教本の中で特にオススメのものを推薦書としてピックアップしました（P66）。

さらに Web によるジャズ・ピアノの学習スタイル、学習法についても述べています（P67～69）。

最後に本書についての率直なご意見、ご感想などいただければ幸いです。どうぞよろしくお願いいたします。

河合孝治（河合明）

『アルス音楽大講座第9巻実技編ジャズ音楽–ジャズピアノの奏法』(菊池滋彌、他/アルス)1936年

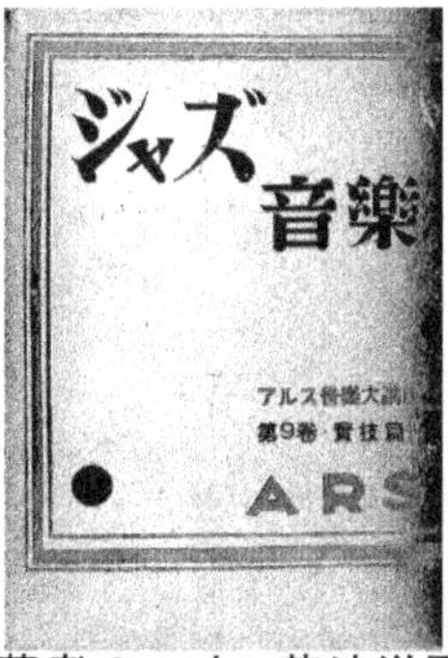

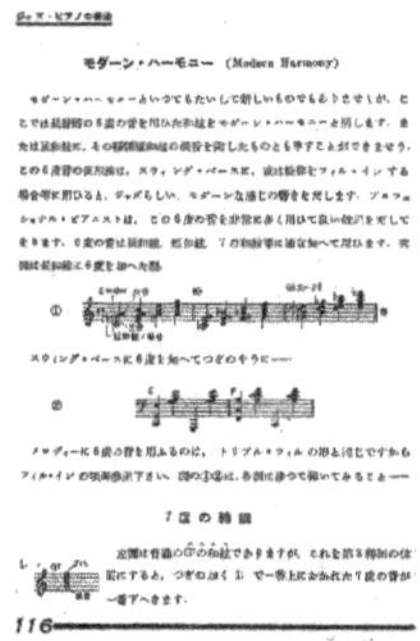

著者の一人、菊池滋彌は日本で最初にジャズを演奏したとされている人である。1921年に彼はアメリカからデキシーランドジャズのレコードを持ち帰り、昭和の初期には神戸で演奏を始めたとされている。

従って本書は彼による日本人が書いた最初のジャズピアノの教本ではないかと思われる。(邦訳本なら、「邦訳ジャズピアノ奏法 Book 1 (Vincent Lopez /東京音楽書院) 1936年がある」)
コードの説明の他、「スイングベース表(上図中)」、「モダン・ハーモニー(上図右)」、「ペンタトニック」「ブルース」についても書かれている。
1936年と言えばアメリカでもまだビー・バップ(モダン・ジャズ)が生まれていない時代、従って、本書はブギウギやスイングピアノの奏法についての教本なので、「モダン・ハーモニー」と言っても、6 の和音(13th)の使用例が書かれてあるだけなのだが、全体として、内容はとても充実している。ちなみに本書は、他に古賀政男、服部良一、灰田勝彦、など日本のポピュラー音楽を牽引してきた人たちが執筆している。まだ彼らも20代後半から30代の若かった頃だ。そう言う意味でも一読の価値があるだろう。

各執筆者のタイトルは以下の通りである。

「ジャズの歴史と現勢」(服部龍太郎)
「サキソフォーンの奏法と練習曲」(服部良一)
「ジャズ・ピアノの奏法」(菊池滋彌)
「アコーディオンの奏法と練習曲」(小暮正雄)
「ギターの奏法と練習曲」(古賀政男)
「ハワイアン・ギターの奏法と練習曲」(灰田晴彦)
「バンジョーの奏法と練習曲」(角田孝)
「ウクレレの奏法と練習曲」(灰田勝彦)
「マンドリンの奏法の奏法の要點」(田中常彦)
「各種ジャズ打楽器の奏法」(仁木他喜雄)
「短音階ハーモニカの奏法」(佐藤秀郎)
「流行歌の唄ひ方」(徳山璉)
「ジャズ合唱」(中野忠晴)
「ダンス曲の種類と形式」(井田一郎)
「ジャズの編成と編曲」(紙恭輔)
「トーキーとレビュー音楽」(堀内敬三)

『ジャズピアノ奏法』(山田栄一/新興音楽出版社)1947年

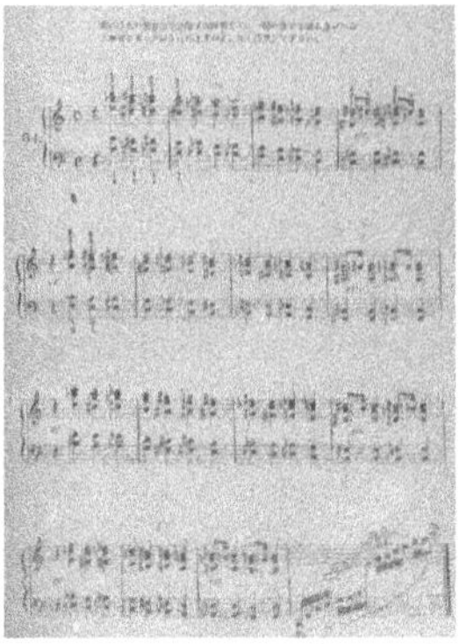

1947年(昭和22年)発行と言うことはまだビー・バップ(モダン・ジャズ)が日本に入って来ていない時代。従って、ブギウギとスイングピアノの教本。
先のアルスの教本とそれほど変わりはないが、9th を含んだコードの下行クロマチック(上図中)や、跳躍八度による Walking bass line (上図右)の練習などが新しいところか。それにしてもこの表紙デザイン、この時代にしてはカッコいいと思う。

『近代ジャズピアノの奏法』(松井八郎/全音)1953年

日本でモダン・ジャズが演奏され始めた頃だと思うが、本書にはそのような片鱗は見られない。ブギウギとスイングピアノが中心の理論的な説明はほとんどない楽曲集。掲載曲は特徴別に1.リズムとテンポでは「ヴォルンが舟歌」、「ハンガリアン・ダンス、」「ラ・スパニューラ」、「春の歌」など、2.ブルー・トーン(ブルー・ノート)では「トランブーラン」、「アリラン」、「ブンガワンソロ」、「アニヒリメレ」など、3.コードでは「蛍の光」、「ラササヤン」など、4.アドリブでは「ジプシー・ムーン」、「アロマ」5.シンコペーションでは「ジングルベル」、「谷間の灯」、6.パッシング・トーンでは「カリブの島」、「黒い瞳」、7.その他として「青い背広で」、「炭坑節」、そして8.応用問題として「アイルランドの娘」など。ジャズのスタンダード曲は掲載されていない。著作権上の問題があったのだろうか。

『Professional Arranger Composer: 1. 2 』(Russell Garcia/Criterion Music Corp)1954年、1978年

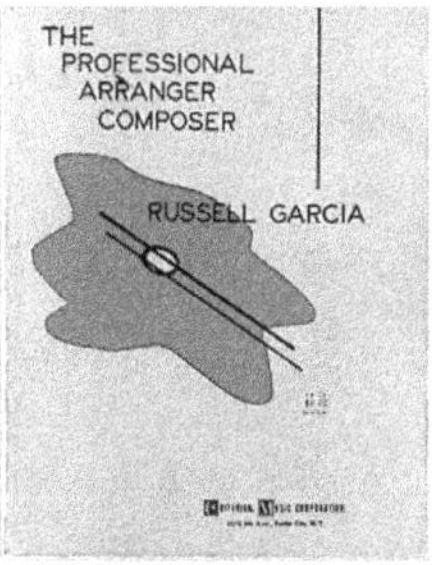

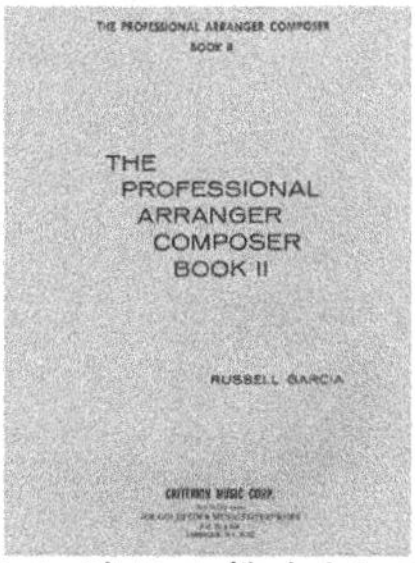

左は 1954 年に出版された第1巻。ジャズのアレンジメント教本としては最も古い本の一つであり有名な本。日本では渡辺貞夫のジャズ・スタディが出版される以前、本書を利用した作・編曲家は多かった。Book1から6まで章があるが、Book1は楽器の音域の説明から始まり、音程、コード、基本的なハーモにゼーションについて。Book2はサックスとリズム楽器のアンサンブル。Book3はスモールコンボの編曲例。Book4 はイントロ、楽器間の構成、エンディングについて、Book5はオルタードコード、代理和音、メロディライティングについて、Book6はオリジナルメロディに対する様々なバリエーションについて触れている。古いといえば古いのかもしれないが、この時代にしてすでにジャズ・アレンジメントの重要な部分のほとんどに触れられている優れた教本。

右は同名本の続編であるが、ジャズにとどまらず、「セリー」や「フリー・インプロヴィゼーション」、「アートと音楽」との関係についても書かれている。音楽家は音楽以外のアートに興味を持つ人たちが少ないように思う。ここで示されているのは、音高、音長をドローイングで表現するなど単純なものではある。しかし音と絵画のアナロジーの試みは、興味深いし、そのような教本がもっとあってもいい。インターラクティヴなアートやメディアートに興味を持っている人たちも読んでほしい教本である。ちなみに 1982 年版にはレコード、2004 年版には CD が付いている。

*『ジャズピアノコードブック』(中村八大監修・沢田英二編/新興楽譜出版)1959年

左が 1959 年版、右は1960 年版。ジャズのコードブックだが、これ以前こういう本は出されていなかったようだ。テンション(9th 、11th、13th)を含む複雑なコードについても書かれあり、それが鍵盤のどこで引くかが、鍵盤の図解で示されている。と言ってもただコードを3度ずつ積み上げただけなので、両手でどのように効果的なボイシングをするかは示されていないため、実用的とは言えないが、とりあえずコードを覚えるための辞典としては価値があったと思われる。

『Jazz Improvisation1:Tonal and Rhythmic Principles』（John Mehegan/AMSC）1959年
=『ジャズ・インプロヴィゼーション1：音とリズムの原則』(ジョン・ミーガン/デルボ社）1969年

本書『Jazz Improvisation』シリーズは有名な本だが、ジャズを体系化させた初の本格的な教本ではないかと思う。全部で4巻。
この第1巻は音程、スケール、コードの説明の後、スタンダード曲のコード進行を基にアルペジオ、アドリブ例が示されている。特にコード進行を「II-V、ダイアトニック、クロマチック」の3つに分類しているのがわかりやすい。ピアノに関してはメロディに対するハーモニゼーションとバト・パウエルの左手の Voicing 例が示されているくらいで特に詳しいわけではないが、タイトル通り、Jazz improvisation の原則を学ぶには格好の本だろう。

『アドリブ自由自在』（日暮雅信/リズム・エコーズ）1960年

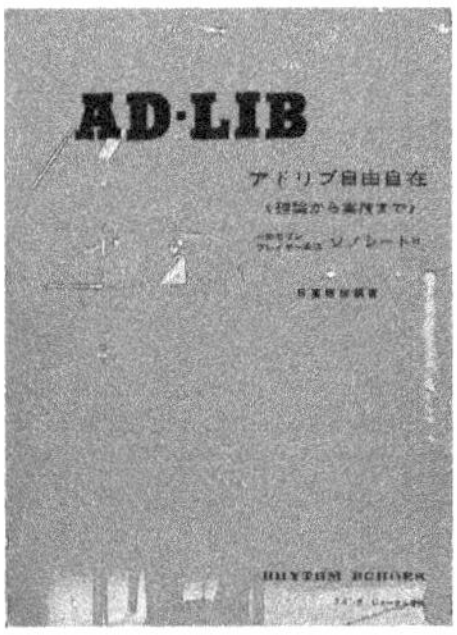

初版は1960年頃。何回か改訂版が出版され、奥付に出版年度が掲載されていないので、いつ頃の出版かわからないが、上記左の本にはソノシート(上記中)が付いていて、若き日の日野皓正の演奏が聞ける。いずれにしろ本書は 80 年くらいまでは出版されていたと思う。従って、ジャズのアドリブがどのようにできているのか、本書を参考にした人は多いに違いない。アドリブはコードやスケールをそのまま、演奏しても間違いではないが、それではぎこちないし、さまにならない。特にビバップ（モダン・ジャズ）以後のアドリブはスケールやコードを基にアプローチノートをどうのようにうまく使うかが、演奏にとって重要なものとなる。その意味において本書はどのようにアドリブを作っていくかの具体例が示されている。

『COMPOSITION FOR THE JAZZ ORCHESTRA』(William Russo / University Of Chicago Press) 1961年

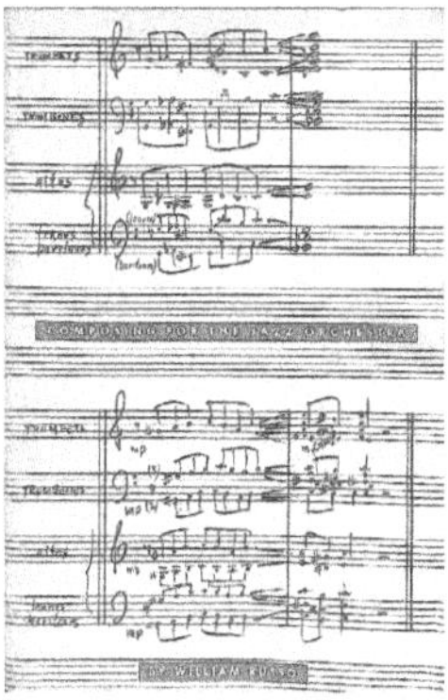

わずか90ページほどの本だが、ハーモニゼーションを中心にビック・バンドの作・編曲をするために必要な最低限の技法がコンパクトにまとめられている。コンパクトということならクラシックで言えばゴードン・ヤコブの管弦楽法のようなものか。ひょっとしたら実際に作曲や編曲をするために必要な教本はこのような本だけでいいのかもしれない。
大事なのはこういう教本で学んだあとは、実際に演奏されているスコアにできる限り多く接するということだろう。

『New Complete Edition Styles for the Jazz Pianist』(JohnMehegan /Sam Fox Publishing)1962年

John Mehegan の「現代のピアノスタイル」は左手の Voicing 中心の教本だが、本書はジャズ・ピアノのエチュードのような教本。「ダイアトニック・パターン」、「クロマチック・パターン」、「Circle of Fifths Patterns」など技法別に練習曲が多く掲載されている。中でも充実しているのは「The Minor Chord blocks」、「The Half Diminished Chord Blocks」、「The Diminished Chord Blocks」など、ブロック・コードの練習だろう。あくまでもエチュード的な教本なので面白みはないが、この時代にしてはよくできた教本だと思う。

『ジャズ・軽音楽編曲法』(影山鶴雄/リズム・エコーズ)1963 年

コード、コード進行、楽器法、リズムパターン、セッション楽器のハーモニゼーションなど編曲に必要な技法は一応示されてはいるがこの本を参考にしてポピュラー音楽の編曲ができるのかと言えばおそらく難しいだろう。
何しろ編曲例のスコアは「さくら、さくら」のみ。出版されたのが 1963 年と言う時代を考慮しても、当時流行した曲などの編曲例を少しは示さなないと実用価値があるとは思えない。

『PIANO JAZZ ALUBUM テーマとアドリブ』(鈴木英一郎編曲/ケイメイ社)出版年度未掲載 1960 年代前半(推定)

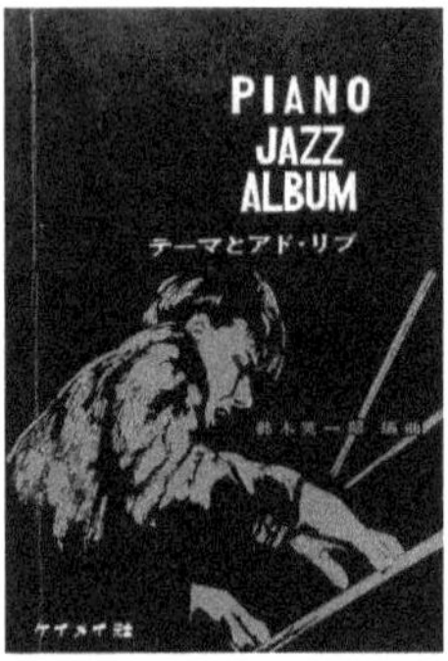

ピアノ 1「メロディ」Part、ピアノ 2「アドリブ」Part、リズム(ピアノ、ギター、ベース,etc)Part の3つにパートに分かれているのでトリオでの演奏を想定した楽曲集。
掲載曲は「サイド・バイ・サイド」、「聖者が街にやって来る」、「インディアナ」、「ユーモレスク」、「黒い瞳」、「串本節」、「荒城の月」などのスタンダード曲に著者のオリジナル曲。
ピアノ1は原曲のメロディ-通り、ピアノ2はジャズ・ピアノのスタイルで書かれてある。左手の Voicing はジャズらしいものは少ないが、右手のアドリブはまずまず利用できると言ったところ。また、リズム Part はコードネームだけが書かれてある。

『実力がつくジャズピアノ講座・基礎編』(岩崎洸之監修/国際楽譜出版社)出版年度未掲載1960年代前半(推定)

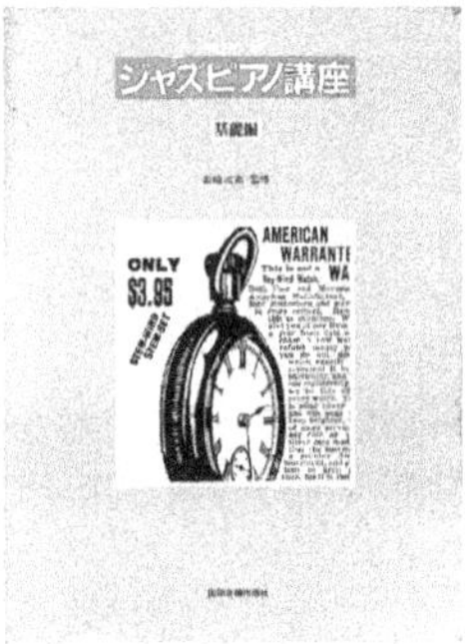

P76 までは左手を交互にジャンプさせるスイングピアノの解説。
P77から P89までは右手のアドリブ練習。
ジョン・ルイス、ソニー・クラーク、バド・パウエルのアドリブ例が少しだけ示されている。
楽曲例として、「鈴懸の径」と「聖者の道」が掲載されていて、左手のウォーキング・ベースラインは参考にはなるだろうが、モダンジャズで使われるボイシングはほとんど掲載されていない。
本書は基礎編で、技巧編があるようだが、そちらはもっとましなのかもしれないが。

『Contemporary Styles for the Jazz Pianist』(John Mehegan /Sam Fox Publishing)1964年

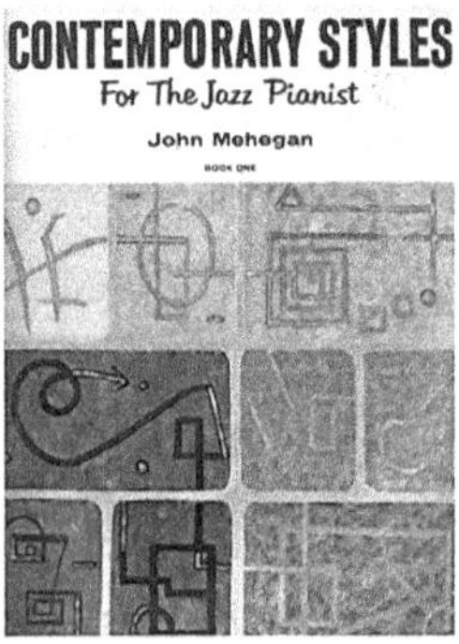

端的に言えば、先に紹介した。『New Complete Edition Styles for the Jazz Pianist』とあとで紹介する。『Jazz Improvisation 4』を合わせたような教本。PART1 は『Jazz improvisation 4』でも説明されている、Aform, Bform という Voicing スタイルによる様々なコードの練習。PART2は PART1 のコードワークを様々なコード進行によって練習する。
PART3 は RED GARLAND 、WYNTON KELLY 、HERBIE HANCOCK,MCCOY TYNER、BILL EVANS、KEITH JARRETT、PAUL BLEY、CECIL TAYLOR などのスタイルによる練習曲。『Jazz Improvisation 4』と併用すると良いだろう。

『Swing and Early Progressive Piano Styles : Jazz Improvisation III』(John Mehegan) 1965 年
=『ジャズプロフェッショナルシリーズ Vol.1 ピアノアドリブへの道』(平岡暸/音楽春秋)1971 年
=『ジャズ・インプロヴィゼーション 3—スウィングと初期のプログレッシヴ・ピアノスタイル』(ジョン・ミーガン/デルボ社)1976 年

この3冊は同じもの。左が原著、真ん中は和訳本だがそのことは一言も触れられていないばかりか「平岡暸」著となっている。今なら盗作と言われても仕方ないかもしれない。右はその後デルボ社から出た、正式(?)な和訳本。内容はスイング時代のピアノ・スタイル(Teddy Wilson、Art Tatum)、モダン・ジャズ初期のスタイル(Bud Powell、George Shearing、Horace Silve)について書かれてある。Teddy Wilson、Art Tatum など、左手はほとんど10th なので、日本人には弾きづらいと思う。全体として左手の解説がほとんどで、またアドリブに関しての記載が少ない。ただし George Shearing のブロックコードはとても参考になるのではないだろうか。

『Jazz Improvisation4:Contemporary Piano Styles』(John Mehegan/AMSC) 1965 年
=『ジャズ・インプロヴィゼーション4:現代のピアノスタイル』(ジョン・ミーガン/デルボ社) 1976 年

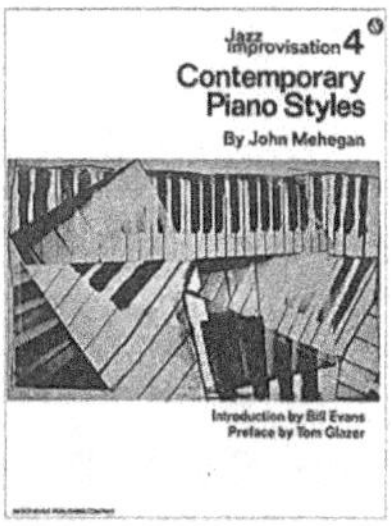

ジャズピアノ教本の中で本書ぐらい多くのジャズ・ピアニストに影響を与えた本はないだろう。私自身ジャズピアノが弾きたくてそれまで何冊か教本を利用したものの、どれも満足を得られなかったが、本書に出会い弾いてみると1ページ目から「ジャズの音」がして[やっとジャズピアノが演奏できる]と、とても感動した覚えがある。
かなり分厚い本だがコードワークは型によって A フォーム、B フォームに別れて説明してある。ただこの教本自体、左手の Voicing が中心なので、この本だけで、ジャズ・ピアノのコード・ワークが全て把握できるわけではない。またブロックコードやコンピング、左手のアルペジオの説明などはあるが、アドリブに関してはビル・エバンスの Transcription が掲載されているものの全体的に掲載は少ない。

『ニューヨークの印象』（デイヴ・ブルーベック/東亜音楽社）1966年

ブルーベックはシェーンベルグやミヨーに作曲を学んだインテリジャズマン。当時アイビーリーグの学生たちに絶大な人気を誇った。ブルーベックと言えば、「テイク・ファイヴ」に代表される変拍子ジャズと「ヨーロッパ」、「日本」、「USA」と言った一連の印象シリーズである。この曲集「ニューヨークの印象は」そうした印象シリーズの一つで、「ミスター・ブロードウエイ」という TV のドラマのため書いたものである。
アドリブの掲載はなく、テーマだけだが、ブロックコードのボイシングなどはとても勉強になる。ちなみにこの曲集、付録として「日本の印象」から「Toki's Theme トキのテーマ」が（本書の目次にはなく）なぜかこの曲集の1曲目（4P）に掲載されている。それと、後でわかったことだが掲載曲の「アップステージルンバ」はラテン・リズムを基に12音技法で書かれている、ユニークな曲。ブルーベックはシェーンベルグに学んだので、なるほどなと思う次第。）

『ジャズピアノ・テクニック　第一巻　ポピュラー・ピアノ編』
（日暮雅信／リズム・エコーズ）出版年度未掲載 1960 年代後半（推定）

この『ジャズピアノ・テクニック』にはポピュラー・ピアノ編とモダン・ジャズ編があるが、本書は前者。一般的にポピュラーピアノという言い方は、かなり昔からされていたと思うが、ポップスやイージーリスニング、スクリーンミュージックをピアノで弾くようなイメージがするのは私だけだろうか。「ポール・モーリア」、「リチャード・クレイダーマン」、「アンドレ・ギャニオン」などの音楽はまさにポピュラーピアノという名前にぴったりだが。もっともそのような曲はジャズピアノをマスターしたら、容易に弾けるだろうから、ポピュラーピアノはジャズピアノの前段階といえないこともないが。さて本書の内容だか、そのようなポピュラーピアノのイメージとはだいぶ異なる。モダンジャズ以前のブギウギやスイングスタイルのピアノ奏法を基にそれを発展させ（特にブギウギピアノ）、R&B やロックのピアノスタイルに発展させたもものである。と言ってもシンプルすぎて実用価値には乏しい（要するに古いといえばそれまでだが）。また、ラテンスタイルの奏法についても書かれてあるが、それは日本の歌謡曲、例えばムード歌謡などは昔からラテン音楽の影響を受けたことから、掲載したのかもしれないが、こちらもシンプルすぎて、今日で言う「ラテン・ジャズ・ピアノ」の奏法には遠く及ばない。

『ジャズピアノ・テクニック　第二巻　モダンジャズ編』
（日暮雅信／リズムエコーズ）出版年度未掲載 1960 年代後半（推定）

JAZZ
PIANO
TECHNIQUE

モダンジャズ編

リズム・エコーズ

これは、『ジャズピアノ・テクニック』のモダン・ジャズ編、ビ・バップ以後のモダン・ジャズ・ピアノ教本はおそらく本書が日本では最初かもしれない。コードワークについて初歩から解説がなされているわけではないので、一応中級向けの教本のように思う。コード進行、代理和音について、色々実例が示さているのだが、どれも唐突すぎてわかりにくい本だった。リズム・エコーズからは多くのジャズ教本が出版されていたものの、60年代から70年代にかけては実用的なものは少なかったと思う、その中では、良書の部類に入るだろう。（今でもヤフオクなどで時々出品されているようだが）

『ピアノコードとアドリブ辞典（PIANO CHORD&AD-LIB ENCYCLOPEDIA)』
（本田利治／東京楽譜出版社）出版年度未掲載1960 年代後半（推定）

コードことにアドリブ例が示されているが、音楽も日常言語より抽象的ではあるが、一種の言語である。従って、単語を単体でいくら覚えてもそこに意味や価値を見出すのは難しいだろう。
単語（コード）はフレーズやセンテンスの中で覚えるのが有効だろうし、コードとコード、フレーズとフレーズのつながり、関係性こそ重要なのである。

『ジャズコード早わかり・ジャズ・ピアノの弾き方』出版年度不明（日暮雅信／リズムエコーズ）出版年度未掲載、1960 年代後半（推定）

端的に言えば、ラグ・タイムの教本。
第一部から第3部分まであるが、第一部はコードについての説明。鍵盤図と五線譜の対比させて説明されている。ただ両手でどのように効果的なコードワークを行うかはごく基本的なものにとどまっている。第二部はひたすら左手のジャンプというかラグ・タイムの練習。第三部が、ラグ・タイムとブギウギの練習曲。
本書には「ここまで来ればアドリブの基礎は出来上がりです。」などど書いてある。本当か？

『モダンアドリブパッセージとコード進行一覧』(日暮雅信・青井洋/リズム・エコーズ)出版年度未掲載1960年代後半(推定)

Key ごとに、アドリブの実例が示されている。
また、オスカー・ピーターソン、ソニー・クラーク、チャーリー・パーカー、ホレス・シルバー、ソニー・ロリンズ、ウエス・モンゴメリー、スタン・ゲットなどのアドリブも所々掲載されている。
巻末には各 key のコード進行表が掲載されている。
今となってはどうという教本ではないのだが、同時としては実用性があったのだろう。

『モダン・ジャズ理論と実際』(日暮雅信/リズム・エコーズ)出版年度未掲載、1960 年代後半(推定)

冒頭からテンションを含む和音、代理和音について書かれてあり、次の P6～P9は半音コード進行によるメロディー、アドリブ例が示されるなど唐突的とも思える内容。
P12 はコンピング例が8小節掲載されている。P13～17は形式として、一般的なドミナント・モーション、複合コード、ブルースコードが書かれてある。P18はアドリブソロと書かれてあるが、楽譜はなく、説明が書かれてあるだけ。P19 は全音音階のコード付けが書かれてある。P21～23 はピアニストのためのコード付けが書かれてあるが、コードネームの記載がなく、参考例と示されている程度、そのあとは、モダン・ジャズの楽曲例として「太陽の季節のテーマ」、「月と少年」、「ゼロの集点」などが掲載されている。P31 から 39 はジャズの様々なリズムについて書かれてあるが、総体的に言って中途半端な内容。その中で、P40 からの基本コード、コード索引はある程度実用価値はあると言った程度。

『ジャズ・ピアノ基礎教本』(影山鶴雄/リズム・エコーズ)出版年度未掲載1960年代後半(推定)

三和音の説明から入り、7th コード、ドミナント・コード、ディミニッシュ和音、11th の和音、13 th の和音について書かれてあるが、ただ音を階段上に積み上げただけで、両手でどのような効果的なコードワークを作るかは書かれていない。
P11 から P41 までは左手がジャンプするスイングピアノとブギウギの奏法について書かれてある。P42、43 はマンボスタイルの奏法、P46、47 はブギウギ奏法を持ちいたブルース奏法、P48～51 のわずか3ページがモダン・ジャズピアノ奏法について書かれてあるが左手は単音のみ。

『コードネームによる:ジャズ・ピアノの弾き方』(鈴木基弘/日音) 1967年

基本的なコード、コードワーク、ジャズでよく使われるコード進行は書かれてあるが、出版されたのが1967年という年代を考えてもモダン・ジャズの教本として十分ではない。
参考になるところといえばP64のエンディングの事例と巻末に参考例として示されている。「アーニー・ローリー」のコード付けくらいなものか。
表紙はオスカーピーターソンの写真だが、特にこの本の内容とは無関係。

『ジャズ・プレイ基礎知識』(影山鶴雄/リズム・エコーズ) 出版年度未掲載 1960 年代後半(推定)

第1章は音程、音階、コード、コード進行一般について書かれてある。第2章は、アプローチノートを含むアドリブ技法、ジャズの形式、また基礎となるリズムとしてスイングベース、ウエスタンリズム、Rock & Roll Rhythm、シンコペーデッドリズム、ウォーキング・ベース、フォークリズム、ローリングベースブキ、ルンバ、ビギンなど、今では聞かれなくなったリズムについても書かれている。P58 からはモダン・ジャズで使われる4度和音、ポリコード、9th、11th、13th を含むコード、ハノン進行、全音進行について書かれてある。ポリコードを「多和音」、半音進行を「半音ステップ進行」と言うなど時代を感じるが、本書の出版元のジャズ教本の中では良書の部類に入るだろう。

『実力のつくジャズ・ピアノ講座基礎編』(東京ジャズ研究会編/国際楽譜出版社) 出版年度未掲載、1960 年代後半(推定)

冒頭は鍵盤の図形でコードをどのポジションで弾くかが示されている。次に P11～16 までは各調に使われるダイアトニックなコードが掲載されている。次に P17～20 まではワルツ、タンゴ、ボレロ、ビギン、ルンバなどのリズムパターンが掲載されている。その後は左手が Root と三和音、5th と三和音を交互に演奏する、ブンチャー、ブンチャーというラグタイム奏法が後半まで続く。どのようにアドリブを行うかフレーズに関する記述も少しはあるが、さわり程度。最後の方に申し訳なさ程度にジョン・ルイス、バド・パウエル、ソニー・クラークのフレーズが少しだけ掲載されているが右手のみ。なんとも中途半な感は否めない。

『Jazz Composition and Orchestration』(William Russo/University of Chicago Press)1968年

著者の William Russo は作曲家でトロンボーン奏者。スタンケントンオーケストラに作品を提供して注目され、クラシックとジャズ融合させた、サードストリームミュージックで名を挙げた。ハーモニカの音色を猫の鳴き声に見立てた協奏曲は小沢征爾指揮のサンフランシスコ交響楽団の演奏によってアルバム化されているが、ユニークで多様な分野の作品を多く手がけている。本書は843ページ(手書で読みづらいのが難点だが)におよぶ大著だが、ジャズの作・編曲法の教本というより、そのような多様なルッソ音楽の活動を知るための表現法・音楽論といった方が良いだろう。またチェロについて82ページもの分量を割いているが興味深いが、どうやら4人のチェロ奏者を含むジャズオーケストラの作品があるようだ。

『MODERN JAZZ SCHOOL』(青井洋/デルボ社)1968、1969年

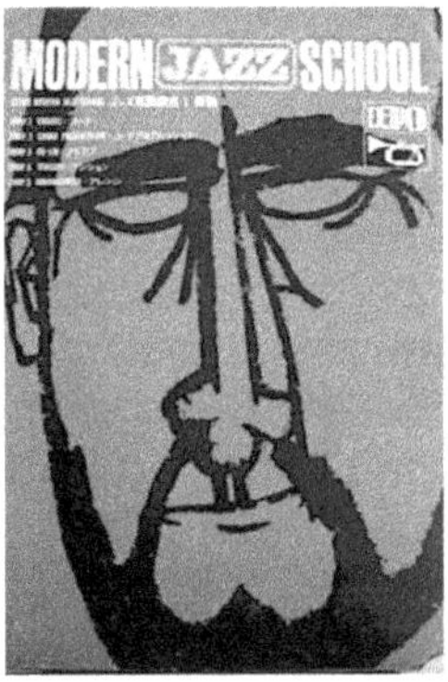

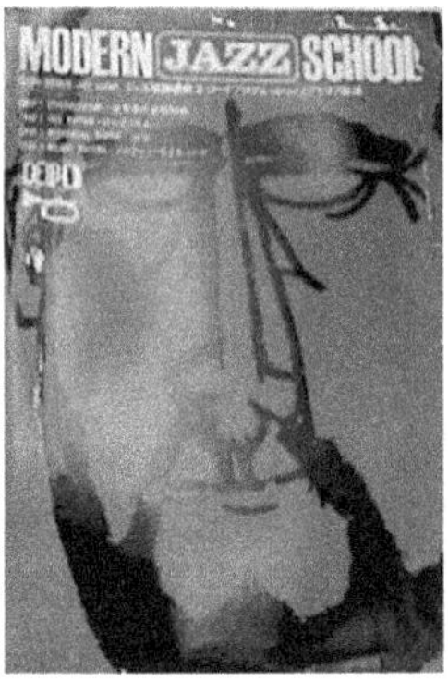

第1巻の大まかな内容は「コード」と「コードタイプ」、「コード進行」、「代理コード」、「アドリブのためのアプローチノートとアプローチノートのハーモニー」、「テンション」、「アレンジ」と言ったところ。「テンション」のハーモニーゼーションについてはあまり詳しいとは言えない。スコア例としてカウント・ベイシーのスコアが掲載されている。60年代後半という時代を考えればまあまあこんなものだろうか。
第2巻はまず音感、ケーデンス、ダイアトニックコード、代理和音、形式について書かれてある。次にジャズのリズムについて20ページほど書かれてある。これは詳しい。
そして P61 からはコードスタディ、テンションの練習しなさいと書かれてあるが、単に和音を積み重ねだけであって、具体的なコードワークについては書かれていない。全体としてジャズの形式については詳しいが、具体的なハーモにゼーションの実例やコードとアドリブの関係における説明が今ひとつわかりにくい。巻末に Herbie Man、Attila Zoller、Lee Morgen、Miles Davis のアドリブ例が示されている。

『ジャズ・スタディ』(渡辺貞夫/日音)1970年

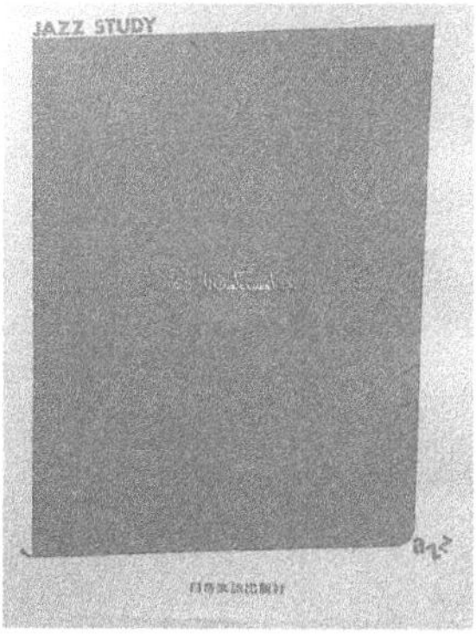

本書はあまりにも有名な教本なので、今更私が言及する必要はないかもしれないが、一体どのくらい多くの音楽家が本書で学んだことか。
ちなみにこの本を購入したのは高校2年の時だった。さすがに、高校生の私には理解不可能だった。もっとも、俳優の「えなりかずき」が中学生の時「今、ジャズ・スタディで勉強している。と聞いた時、「中学生が、ジャズ・スタディ？」と驚いたが。内容はハーモニゼーションを中心としたアレンッジメントの教本。アドリブに関する本ではない。最低限コード、スケールの知識がないと理解できないだろう。この本を、最初から最後まで、つぶさにこなせば、力がつくのだろうが、何しろ根気が必要だ。だいぶ昔の話になるが、渡辺貞夫が「最近(ネム音楽院で)教えるのはやめました。課題を出しても、みんなやってこないので、まぁ頭ではわかっているのかもしれないけど」と言っていたが、ごもっとも。

『JAZZ PIANO METHOD VOL.1,2』(藤井英一/リズム・エコーズ)出版年度未掲載、1970年前後

藤井英一は今日まで相当数のジャズ・ピアノの教本を出しているが、その中で本書は初期の部類に入ると本だと思う。80年頃までは出版されていたのではないだろうか。ちなみに、私が最初に購入したジャズピアノの教本は、本書であったような気がする。今でもヤフオクで時々見かけるので、本書で学んで人は多いに違いないが、さて果たしてこの本はジャズ・ピアノを学ぶにはどの程度有効だったかのか。
端的に言えば、とりあえずジャズ・ピアノに慣れる、ノリを体得するには有効な本だったように思う。ブルースとスタンダード(テーマはなくアドリブの部分だけ掲載)に分かれているが、ブルースの方は1ブルース・スケールだけを使って演奏するようになっているが、これはジャズ・ピアノ入門者にとって有効な方法だと思う。スタンダードの方は、左手が単音(主音)だけ掲載されていて、右手はBe Bopの典型的なスレーズが多く掲載されている。したがって理論的なことがわからなくても適当にパラパラ弾けば、ジャズとはこんなものかと、その感覚は体験できるだろう。

『6 Books in 1 Encyclopedia of Improvisation』
(Walter Stuart、Bugs Bower、Stan Applebaum /Charles Colin)1970年

本書は6冊の本を1冊にまとめたもの。
理論的な説明は少ないが、全体としてアドリブを行う場合の Approch note、Passing tone については詳しい。
また「12 音技法」や「How to Constract And Use New Artifucal Scales」、「Modern New Scales」などジャズではそれほど使わないスケールについても触れられている。特にどうという教本ではないが、アドリブがどのようにできているのか知るには良いかもしれない。

『Piano modern adlib technic』（岩崎浤之/音楽春秋）1970年
『Jazz piano modern adlib』（岩崎浤之/音楽春秋）1974年

2つの本はタイトルと表紙は異なるが、内容は同じもの。オスカー・ピーターソンとマ・ウッォルドロンの写真の表紙を見ていると本格的なジャズピアノの教本のように思えて来るが、実際の内容は羊頭狗肉。せいぜいポピュラーピアノ教本と言ったところか。掲載曲は「恋は水色」、「白い恋人たち」、「ブーベの恋」、「朝日のあたる家」、「思い出のサンフランシスコ」、「枯葉」など。特に、ジャズらしいアドリブもない。また本の内容とは無関係なチック・コリアとフリーラ・プリムの写真が掲載されていたりする（苦笑）。70 年台前半までは、こういう教本でもジャズピアノと称していたひとつの典型とも言える。

『JAZZ ORGAN 理論と実技：コードからジミー・スミスまで』
（浅沼勇/リスム・エコーズ）1970年頃

ジャズ・オルガンの教本はピアノに比べると少ないと思うが、最もエレクトーンを含めると膨大な数になるだろうが、ここでいうオルガンとはハモンド・オルガンのことだと思う。
内容は基本的なコードの説明とコード付けの説明、イントロ、エンディング、フィルインの実例、代表的なコード進行から生まれるフレーズなどが書かれているが何と言っても特徴はジャズオルガンの第一人者、ジミー・スミスの演奏の分析だろう。「第6章ジミー・スミスのブルースコード」、「第7章ジミー・スミスのブルースサウンド」、「第8章ジミー・スミスのサウンドコピー」、ジミー・スミスの演奏を詳しく説明したのは日本では本書が最初だと思われるので、貴重な教本だろう。

『FIRST CHART』(Jimmie Haskell /Criterion Music Corp)
1971 年、レコード付。

日本ではあまり知られていない教本だと思うが、良書の部類に入るだろう。大体の内容は「楽器法」、「VOICING(ハーモにゼーション)」、「ルズム・セクション」、「楽曲分析」、「コンビネーションセクション」からなる。ハーモニゼーションに関してはあまり詳しいとは言えないが、「MOONLIGHT IN VERMONT」という曲をP67～97までの30ページを使ってアレンジに必要な技法を説明している。短いサンプルをたくさん掲載して説明する教本は多いが、本書のような方法も楽曲体の構造を把握すると言う点では良いだろう。

『ジャズ理論四和音の世界』(北野征二/リズム・エコーズ)出版年度未掲載1970年代前半(推定)

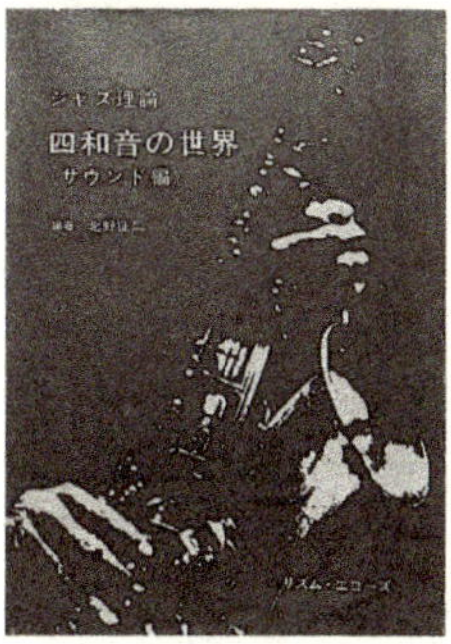

タイトルの「四和音の世界」とは、換言すれば「四声体によるジャズ和声法」とでも言えば良いだろうか。音程から始まって「コードプログレッション」、「代理和音」、「テンンション」、「アプローチノート」、「ポリ・コード」、「オルガン・ポイント」、「ブルーノート」などのジャズに必要な理論は一通り網羅されているが、どれも中途半端。音程から説明しているから初学習者用に書かれたものなのだろうが、理解するのは容易ではないだろう。例えばP60～63で「テンション」について説明はしているものの実例として、2つのコードしか書かれていない。また、スケールとモードの使い方を混同しているような記述も見られる。

『ジャズ・ロックオーケストラ編曲法』(広瀬雅一編曲著者/大洋音楽株式会社)1972 年出版、レコード付。

レコード3枚付き。当時としては画期的なものだろう。トランペット、トロンボーン、サックスなど各セクションについて、ハーモナイズが詳しく書かれている。こう言う教本を見ると、歌手のバックをジャズのビッグ・バンドがやっていた時代を思い出す。

『アテネポピュラーミュージックシリーズ教育講座〜レッツ プレイ ポピュラー ピアノ〜初級、中級、上級』（黒木・八城一夫/アテネ・ミュージック）1972年

これはポピュラーピアノの通信教材、「曲集編」「テキスト編」「レコード6枚」がセットになっている。掲載曲はレコードを聴きながらポピュラーピアノの通信学習ができると言う、当時としては画期的な教材だった。のちに「初級」「中級」「上級」の各コースができたが、上記は中級編、発売当時は中級編しかなかったため、グレードの記載は特にない。ちなみにグレードが上がるごとにジャズっぽくなっていくが、上級編はジャズ・ピアニストの八城一夫が監修している。また通学コースは銀座に「アテネポピュラーピアノスクール」があった。

『SOUNDS and SCORES』（HENRY MANCINI/Cherry Lane Music）1973年

ヘンリー・マンシーニ自身の曲を使ったオーケストレーションの本だが、作・編曲を目指す人にはとてもよい教本である。私が購入した当時はまだ和訳本が発売されていなかった。レコードが3枚ついていたが、今は CD 付き。また渡辺貞夫の「ジャズ・スタディ」より本書を勧める人が多かった。内容は様々な楽器を際立たせながら、実際の楽曲でどのようにアレンジがなされているかを説明している。French Horn なら「MR.Lucky Theme」、「Peter Gun」、「Softly」Trumpet と Trombones のブラスセッションなら「Blues For Mother' s」、「Joanna」、Marimba なら「Night Flower」,Basson なら「lightly latin」、Flute と Piccolo なら「Timothy」と言った具合である。本書を通じて学習者はアレンジに必要な多くのことを学べるだろう。

『ジャズ・ピアノ入門』（飯吉馨/全音）1974年

この本は、飯吉馨が当時、芥川也寸志の音楽番組に出演して、あの人の教本かと思いだし購入した記憶がある。コードワークもアドリブも豊富に掲載されているので、ジャズピアノの基礎を磨くには良いだろう。
それでもコードワークのほとんどは 7th まで。ジャズの演奏で実際に使われるコードワークは P36に掲載されている6小節ほど、なぜもっとたくさん掲載しなかったのか。とは言えアドリブは、バド・パウエルの Transcription(コピーフレーズ)があるなど、かなり参考にはなった（この本は最近ほとんど見かけないが）。

『The Contemporary Arranger』(Don Sebesky/Alfred Music) 1974年

編曲法教本の名著。ドン・セベスキーと言えば、クリード・テイラーと共に所謂、CTI サウンドを作った作・編曲家として有名であるが、セベスキーは編曲に必要な要素を「Balance」（音色のバランス、形式のバランス）、Economy（全ての音符が特定な理由で配置され無駄な部分は取り除く）、「Focus」（編曲の過程である要素は他の要素より重要なものが少なくとも一時的にある）、Variety（楽器の組み合わせの技法）と4つあげている。
様々な楽器編成による288の実例が示されて、以前はレコード、現在の版は CD も付いているので、アレンジに必要な効果的サウンドを生み出すにはどうすればいいか、大きなヒントを与えてくれるだろう。

『JAZZ /ROCK VOISINGS for the CONTEMPORARY KEYBOARD PLAYER 』(Don Haerle/STUDIO P/R) 1974 年

わずか、40ページほどの教本だが、ジョン・ミーガンの「現代のピアノ・スタイル」288ページの本と比べても遜色のない良書。ジョン・ミーガンが Voicing を A フォーム、B フォームの2つに分類しているのに比べ、こちらは Voicing を A フォーム、B フォーム、C フォームの3つに分類されている。またジョン・ミーガンの教本が両手でのコードワークについてほとんど記載がなく、モーダルなボイシングについても記載が少ないのに比べ、こちらは詳しく述べられている。とても価値のある教本である。

『実用ポピュラー音楽編曲法(川上源一編纂/ヤマハ音楽振興会)』1974年

世界に類を見ない、編曲の大辞典。本書の別冊でレコード付きのワークブックのようなものがあったと思うが私は買わなかった。この本の宣伝広告に確か「明日までに編曲をしなければならない人のために」と書いてあった。それくらい、なんでもわかってしまう本ということか。とにかく、詳しい本には違いないが、発行は1974年、改訂版が出たという話は聞かない。果たして今でも、この本の実用価値はあるのかといえば、少なくとも楽式やハーモニゼーション、オーケストレーションに関しては十分今でも通用すると思う。とは言え、さすがに古くなった部分もある。例えば本書には「シンセサイザーは単音楽器」であるなどと書いてある。ようするにアナログ時代の教本なのである。かつて、ポピュラー音楽の基礎理論はジャズ理論を学べばどうにかなったと思う。実際、昔は筒美京平などジャズピアニスト出身のポップス系作曲家も多かった。

しかし、今ではジャズ理論だけで、先端の音楽を表現するのは難しいだろう。コンピューターが音楽制作に不可欠になって以後、特に変化したのはリズムと音色の面である。特に音色については、PC で作られる様々な電子音響を五線紙で表わすなど無理である。要するに今は本書のようなポピュラー音楽理論に加えて PC や電子音響、プログミングなど IT の知識が不可欠なのである。

『Play Bach: Jacques Loussier』(Jacques Loussier / Carisch Products)1974年

クラシックの名曲をジャズで演奏すると言えば、ジャック・ルーシェとオイゲン・キケロの名前がすぐ浮かぶ。ジャズっぽさという点ではキケロに軍配が上がるが、芸術性ということになれば、ルーシェの方か。ルーシェの場合はほとんど「バッハ」のジャズ化専門だったが(他にドビッシー、サティも演奏しているが)、なぜバッハなのか。一般的に古典派以後のクラシックの名曲をジャズで演奏するなら、テーマを演奏した後はアドリブでジャズっぽく演奏と考えるだろうが、バロック音楽のようなポリフォーニーの音楽は各声部に主従関係があるわけでないし、またバロック音楽は即興で演奏することもよく行われていた。なので、バッハをジャズで演奏する場合、なるべく原曲を崩さず、自然にジャズに移行できると考えたのかもしれない。掲載曲はプレリュード、インヴェンション、トッカートとフーガなど。またベース譜も付録している。

『JAZZ PIANO IMPROVOSATION 1～3』（藤井貞泰/リットー・ミュージック）1975年

マッコイ・タイナー、チック・コリア、ウイントン・ケリーといった人たちの演奏がまるまるコピーされた教本（楽曲集）。全部で3巻ある。この教本を出版後、藤井貞泰は『ジャズピアノ・モード奏法』（リットーミュージック）『ジャズピアノ12のｋｅｙで実習するインプロビゼーションの技法』（リットー・ミュージック）など、次々と実用的なジャズ教本を発行。ベルリンの壁崩壊ならぬ、ジャズ教本の壁崩壊は、藤井貞泰によるこの本のよってなされたと言って良いのではないだろうか。

ではなぜそれまで、日本において実用的なジャズピアノの教本が出版されなかったのかそれにはいくつか理由があるだろう。一つには、ジャズの本質はあくまでも即興である以上クラシックのように音を楽譜にエクリチュール化すること自体、ミュージシャンにとって心情的に抵抗感があったと考えられる。さらに、クラシック音楽なら、その仕組みや全体像を楽譜に露わにしたところで、難曲を弾きこなすには相当の修練が必要であるが、ジャズの場合、演奏の方法論がわかれば、下手は下手なりに演奏が可能なのである。したがって演奏法がわかってしまうと、誰でもジャズが演奏可能となって（本当はそんなことはないのだが）、プロのミュージッシャンとして困るので、なるべくブラックボックスにしておきたいと考えたのかもしれない。（そう言えば、坂元輝こと、テリー・ハーマンが『ジャズ』誌の「坂元輝ジャズ・ピアノ・ワークショップ」に、「昔、日本のモダンジャズの父、守安祥太郎が教則本を書いていて、もうすぐ出版するという時、その噂を聞いて、それをよしと思わないミュージシャン達が守安を駅のホームから、、、、。なんて書いたあったが、本当か？それにしてもテリー・ハーマンの文はいつも途中から小説風になるが。まぁ面白いけど」

『Pentatonic Scales for Jazz Improvisation 』（The Ramon Ricker /Alfred Music）1975 年

Pentatonic は長・短調のスケールのように音と音との主従関係が明確でないため、自由にアドリブができるので、初学習者にとって演奏がしやすい面があるが、同時にモード奏法など、複雑化した和声からの開放を試みた、高度なアドリブにも多用されるという同義的な性格をもつ。

内容は「ダイアトニック・エクササイズ」、「クロマッチエクササイズ」、「ドミナント・モーションにおけるエクササイズ」、「サークル5th におけるエクササイズ」、「オルタードペンタトニックエクササイズ」など、参考例として、ジョー・ファレル、ウエイン・ショーター、ジョー・ヘンダーソン、チック・コリア、ハービー・ハンコックのアドリブ例が示されている。

『THE SOUND OF IMPROVISATION』(MikeCarubia/Alfred Publishing) 1976 年

individuals, Small Groups, Jazz band のためのベーシックメソードと書かれてあるが、ピアノの独習としても十分活用できる。
Piano のコンピングパートと一緒にメロディー・パートが別に掲載されているが、ピアノは「Single note melody in Right Band」は「Single note melody in Right Band」「Melody Played in Octaves with 5th」、「Improvised Right hand in Single Notes」、「Improvised Right Hand with Octaves And 5th」の4つのスタイルが掲載されているので、コンピングの練習をしても良いし、またアドリブの練習にもなる。全体的にシンプルな楽曲になっているので、初学習者にオススメできる。

『実用ジャズ講座 1.理論編』(藤井貞泰/リットーミュージック) 1976 年
『同 2.アレンジ編』(北川祐/リットーミュージック) 1986 年

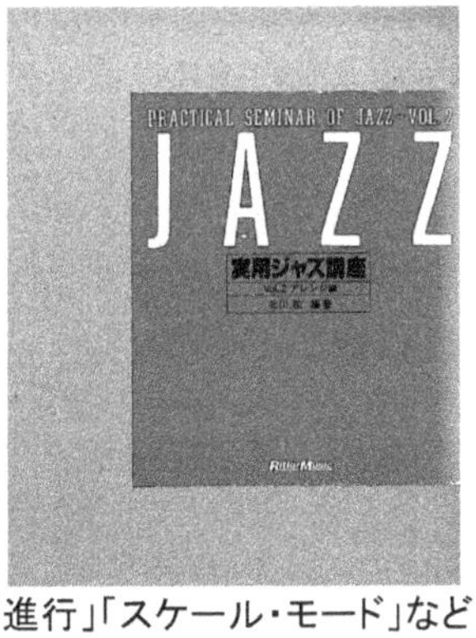

第1巻は音程から始まって「コード」「コード進行」「スケール・モード」などについて学ぶ初学習者のための本。エクササイズを含むワークブック形式になっているので書き込みをしながらジャズ理論を取得するようになっている。例えば「各 Key における「各 key におけるディミニッシュコードの代理コードを書きなさい」というように。作・編曲を行うために必要な理論の基本書と言って良いだろう。
第2巻は少数パートのハーモニゼーションから6パート以上ビックバンドのハーモニゼーションの方法までが書かれている。第1巻と違って、ワークブックになっているわけではない。著書による楽曲分析書のような印象を受ける。確かにかなり細かく分析をしているので学ぶところは多いだろうが、今日のように PC が作・編曲にとって不可欠な時代はリズムや音色の重要性が増しているので、ここまでハーモニゼーションがわからなければ編曲ができないというわけではないだろう。

『The Erroll Garner Song Book』(Sy Johnson, Erroll Garner/Cherry lane Music)1977年

エリール・ガーナーの曲集は何種類が出ていると思うが、本書が最も充実していると思う。
有名な「Misty」は、最初に出されたアルバムでは Ab の key、一般的には Eb の key で演奏されることが多いが、本書では Eb と G の2曲掲載されている。動画サイトでガーナーは C の key で演奏しているものがあったが、もっともガーナーくらい耳がよけれ Key など関係ないが。ソングブックなので、アドリブの記載は少ないが、ガーナー独特の「ビハインド・ザ・ビート」や装飾音を多くつけるゴージャスな演奏体験できるのではないだろうか。

『コンテンポラリー・ジャズ・ピアノ 1・2』(稲盛康利・北條直彦/中央アート) 1977年、1980年

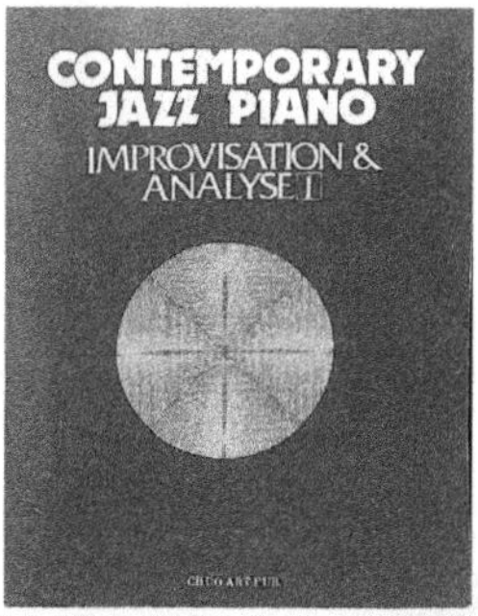

第一巻と第二巻がある。第一巻は、「理論編」と「インプロビゼーションの実際」に分かれている。「理論編」では「アドリブ・フレーズのアナリーゼ」として、「ダイアトニック・フレーズ」、「ディミニッシュ・フレーズ」、「クロマティック・フレーズ」、「ブルーノートスケール」、「パーフェクト・フォースによるフレーズ」、「ペンタトニック・フレーズ」、などジャズで使われるアドリブの実例が一通り示されているので、自在にアウトするなどプログレッジブな演奏するにも参考になる。後半の「インプロビゼーションの実際」では、オスカー・ピーターソン、ビル・エバンス、ウイントン・ケリーの演奏が丸々コピーされた楽譜が掲載されているが、使われているスケールやコードワークについても詳しく分析されているので、学習者にとってはとても使い勝手が良いだろう。
第二巻はイントロとエンディングについての教本とタイトルされているが、コード・プログレッションについての説明、代理和音などが詳しく書かれているので、むしろこちらを第一巻にすべきではなかったかと思うが、なぜこちらを第二巻にしたのか不思議だ。またイントロやエンディング例として、ハンプトン・ホーズ、ピーター・ネロ、アンドレ・プレビン、ジョージ・シアリング、など様々なピアニストの実例が豊富に掲載されているので、リハモニゼーションを行うにも参考になるだろう。そして、「インプロビゼーションの実際」として、ビル・エバンス、レッド・ガーランド、ハービー・ハンコックの演奏が掲載されている。

『Let's Play Jazz PianoVol.1～4』（坂元輝/音楽之友社）1977～78年

坂元輝こと、テリー・ハーマン。ジャズ・ピアニストとして活躍する一方、教育者としても長いキャリアを持つ。なんと21歳からジャズピアノを教えていたと言う。
『ジャズ』誌の「坂元輝ジャズ・ピアノ・ワークショップ」は小説風のなかなか面白いセミナーだったが、次いで発表されたこの教本は全部で4巻、ジャズ教本界（？）においてとても話題になったのではないかと思う。ちなみに小生は某ジャズスクールに3ヶ月ほど通ったことがあったが、その時スクールで使っていたのも本書だった。Vol.1 の「枯葉」を毎日弾いていたらなんとなく即興ができるようなった気がしたものだ。難しい理論は書かれてない。とにかく弾いてみようと言う教本である。本書と併用するためのレコードもビクターから発売されていた。

『Bud Powell: Jazz Masters Series』（Clifford J. Safane/ Music Sales Amer ）1978年

『Thelonious Monk : Jazz Masters Series』（Stuart Isacoff/Music Sales Corp）1978年

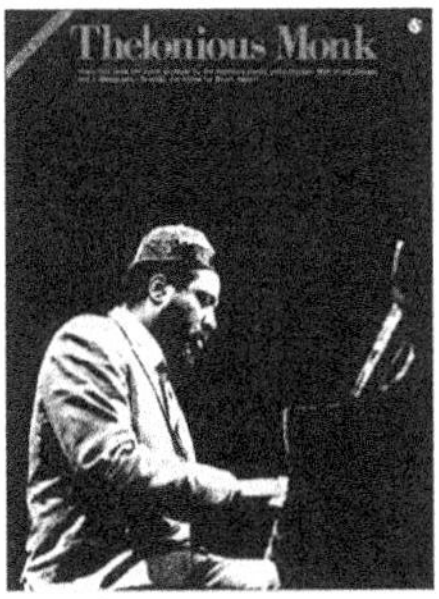

モダン・ジャズ・ピアノの開祖とも言える二人のピアニスト。
特にバド・パウエルのピアノはジャズピアノを演奏する人にとっては模範的な材料。
両手が掲載されているのはテーマのみで、アドリブ部分は右手のみなのは残念。
掲載曲は「Hallucinations」、「A Night in Tunisia 」、「Strictly Confidential」など
セロニアス・モンクはユニークなピアニスト。独特の間、意表をつくフレーズやコード、人を食ったようなアイロニーな表現。それだけに熱狂的なファンもいれば、苦手だと言う人もいる。また、テディ・ウイルソンのピアノを彷彿させるかと思えば、セシル・テイラーなどのフリー・ジャズ・ピアノを感じることもある。掲載曲は「Off Minor」、「I Mean You」、「Rudy My Dear」、「In Walked Bud」、など

『Jazz Improvisation for Keyboard Players:Complete』(Dan Haerle/Columbia Pictures Pubns)1978年

コードやスケールによる単純なアドリブから始まって徐々にグレードアップしたアドリブが習得できるようになっている。モーダルなアドリブやアウトするフレーズとなどの掲載はないが、とてもわかりやすく、初学習者にお勧めできる教本である。
ほとんどは C の key で書かれているので、様々な調で演奏してみればかなり力がつくだろう。

『ジャズ・ポピュラー理論と実習』(金子晋一/アート・ミュージック)1978年

著者の金子晋一は東京芸大作曲科出身。
尚美高等音楽院ジャズ科講師、尚美学園大学教授を勤めた。論文(『音楽の発想』尚美学園短期大学研究紀要)にジャック・デリダやドゥルーズの思想を自作の作品「The last leaf」を通じて考察するというユニークな研究がある。
本書は70ページほどの薄い本だが、音程から始まって、「Chord Progression」、「Substitute Chord」、「Harmonization」と一通りのことは学べる。ワークブックのようになっていて Excise も多く、解答例も付いているので初学習者が学ぶには良いだろう。

『The Contemporary Jazz Pianist』(Bill Cobbins)1978年

本書は4巻まである。各巻をざっと紹介する。

第1巻はまず left Hand Voicing、ジョン・ミーガンの本と同じように最初から jazz で実際によく使用するコードが書かれてある。次に代理和音とリハモニゼーション、右手のフレーズのエクササイズ、Diatonic、Pentatonic, Diminish、Chromatic と続き、ピアノでコルトレーンの演奏スタイルを真似ている。

第2巻は両手での Voicing、ブルースにおけるアドリブのエクササイズ、そのあとは「Rhythm Changes」、「Popular song form」、「バラードスタイル」、「Jazz Rock スタイル」、「ラテンスタイル」、「コンテンポラリーフォーム」、「フリー・ジャズ」、「コンピング」など

第3巻は「ストライド・ピアノ・スタイル」「 Boogie Woogie Piano」「Gospel Piano」「ビ・バップッピアノスタイル」「 ソロ・バラードスタイル「」「1960 年代、70 年代のハーモニックスタイル」、「ラテンとオスティナートスタイル」、「フリー・ジャズ」など様々なスタイルについて書かれてある。

第 4 巻 は「 Scott Joplin 」、「 Jelly Roll Morton 」、「 Earl Hines Teddy Wilson 」、「Duke Ellington」、「Art Tatum」、「Thelonious Monk」、「Bud Powell」、「Oscar Peterson」「Erroll Garner」、「Lennie Tristano」、「Bill Evans」、「Clare Fischer」、「Jimmy Rowles」「Cecil Taylor」、「Chick Corea」、「Keith Jarrett」、「Richie Beirach」と言った有名ジャズ・ピアニストのスタイルを著者の Dobbins が真似た楽曲を掲載している。

他の教本にない特徴としては、フリージャズのピアノ・スタイルに第2巻、第3巻、第4巻で言及している点ではないかと思う。特に第3巻ではポール・ブレイのスタイルを基にフリージャズを「Bent」、「Vortex」、「Shadows」、「Mobile」の四つに分類し、Dobbins 自らの楽曲で示したり、第4巻でも、Dobbins がセシル・テイラーの「Fly! Fly! Fly!」「Garden」、「Silent Tongues」を参考に不協和なクラスターのブロックコード、長7度のクロマチックでパラレルな進行によるコードを使った楽曲を掲載していることである。あのセシル・テイラーの両手を交差させながら凄まじい勢いで演奏するアドリブを垣間見ることができるのである。全体として難易度は中級以上の本だと思うが、より高みを目指すピアニストには最適の教本だろう。

『マッコイ・タイナー・ジャズ・ピアノ奏法』(高瀬アキ著/リットー・ミュージック) 1979年

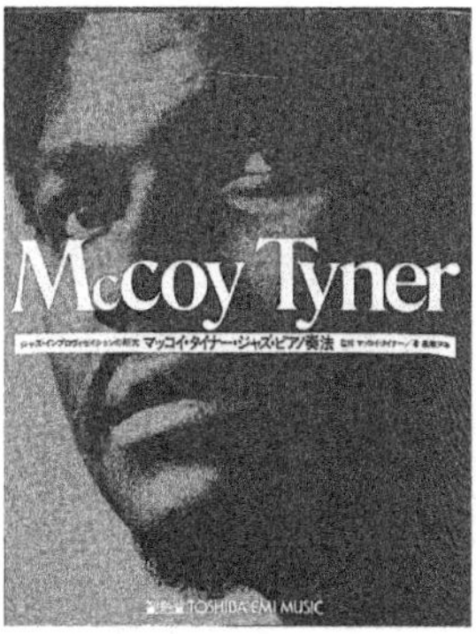

MccoyTyner の演奏の特徴いえば、ビ・バップの演奏とは異なる、モードを中心とした、左手の「フローティングコード」(四度和音)と右手のペンタトニックにあるが、本書は初期の頃の『inception』と絶頂期の『Super Trio』からのナンバーを掲載したもの。パワフルかつスピード感に溢れた演奏はまさに巨匠の名にふさわしい。演奏するのは初学習者には難しいが、ジャズピアノを演奏するすべての人達にとって貴重な資料だろう。

『チック・コリア・ジャズ・ピアノ奏法』(寺下誠 著/リットー・ミュージック) 出版年度の記載なし、1979 年

チック・コリアの重要なアルバムから代表曲をあますことなく取り上げている。新世代のピアノトリオを感じる「Now He Sings Now He Sobs」からタイトル曲、70年代のソロ・ピアノ・ブームの試金石となった「Piano Improvisations.vol.1」から美しいナンバー、「Noon Song」、「Ballad for Anna」、70年代ジャズを代表する作品「Return to forever」からは「Sometime Ago」、今やジャズのスタンダード曲にもなっている「La Fiesta」、また最近ではカヴァーされことも多い「Spain」なども掲載されている。アウトするプログレッシブなフレーズやポリ・コード、$\frac{6}{8}$拍子、$\frac{3}{4}$拍子のリズムスタイルなど、ビ・バップ以後の新しいジャズの習得にはとても役に立つ教本。

『ウイントン・ケリー・ジャズピアノ奏法』(高瀬アキ/リットー・ミュージック)1979年

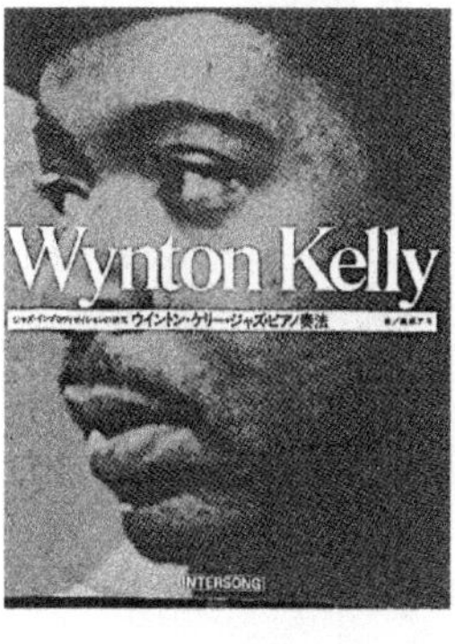

ウイントン・ケリーといえばまさにモダン・ジャズピアノの王道中の王道と言えるだろう。従って、本書はジャズピアノを演奏する人たちにとって、絶好の教材である。
特に掲載曲の「枯葉」、「オン・ア・クリア・デイ」などは初学習者にとって格好の学習材料なのでぜひ弾いてみることをお勧めする。

『クロスオーバー・キーボーディストの研究シリーズ1.ジョー・サンプル』『同2.デイヴ・グルーシン』『同3.リチャード・ティー』(林知行/リットーミュージック)1979年～82年

最近、クロスオーバーという呼び方はあまりしないように思うが、私の記憶だと、ジャズとロックを融合させた音楽は60年代に「ジャズロック」と言う呼び名がすでにあったが、70年代に入ると、「ブラック・ファンク」→「クロスオーバー」→「フュージョン」というように呼び名に変わっていったように思う。それはともかくとして、4ビートジャズが演奏できるかと言って、フュージョン系の 16 ビートの音楽が演奏できるとは限らない。リズム感に慣れないと演奏するのが難しい。その点、本書では当時最も注目された3人のキーボード奏者の演奏からその特徴をつかむことができる。ジョー・サンプルと言うとやはり「メロディーズ・オブ・ラブ」はメロディックで、その叙情的な演奏は素晴らしい。個人的には3人の中でジョー・サンプルが一番好きだ。デイブ・グルーシンは知的で繊細なピアニストという印象がある。左右のコンビネーションを使ったリズムパターンは今ではフュージョンピアノ奏法の模範だろう。リチャード・ティーはパワルルでリズミックな演奏が特徴だが、何と言っても『A列車で行こう』がいい。イントロが少し長いが、左手がオクターブで交互にリズムを刻む、ゴスペル色の強い演奏。ジャズの超有名なスタンダードをこんな風に弾くのかと驚いたものだ。いずれにしろ、本書は日本で初めて出されたフュージョン系キーボードの教本だと思われるので、とても貴重だ。

『コンテンポラリー　キーボードコードワーク』(林知行/リットー・ミュージック)1979年

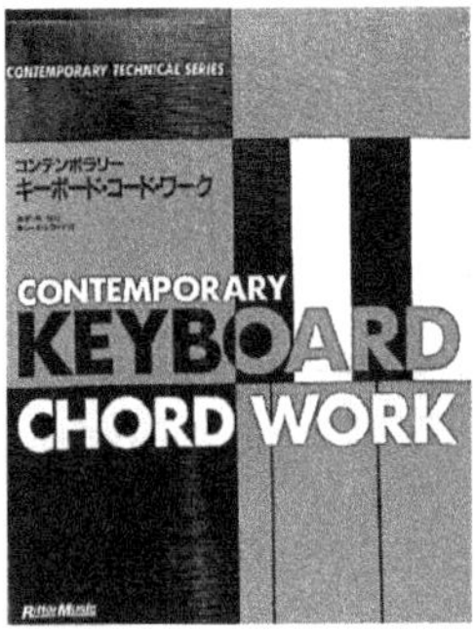

著者の林知行は多くの教本を執筆しているが、中でも本書は出色の出来。音程、コーネームから始まっているから初学習者向けと言ってもいいだろうが、全体的にわかりやすい。例えば、代理和音の説明はクラシックの和声学では当然のように説明されている近親調からの関係(ジャズの理論書ではしばしば省略されていることがあるが)で説明しているし、また後半ではジョン・ミーガンの教本でおなじみのテンションを含む「A-form」、「B-form」というコードワークを「同主調」と「同主短調」との関係で説明されている点はわかりやすい。さらにバッキングのパターンは4ビートジャズではなく、本書の出版当時流行った、フュージョンスタイルを掲載しているところは、当時の他のジャズ理論書にはない特徴である。ソノシートが付いているところも良い。

『ジャズピアノ12のkeyで実習するインプロビゼーションの技法』

『ジャズピアノ・インプロビゼーションの技法2、Bluse & Patterns』(藤井貞泰/リットー・ミュージック)1979年

ジャズのスタンダード曲はメジャーキイならC、F、Bb、Eb、マイナーキイならAm、Dm、Gm Cmと、フラット系のキイが大半である。従って教本もそれらのキイで学習することが多いが、たとえCメジャーのキイであっても自在に代理和音や転調を行うことがあるのだから、本書のように12のキイで学習すれば、それだけ演奏の幅が向上するというものである。
第1巻は「コード」「テンションを含むコードのアルペジオ」、スケール練習(Ionian scale,Dorian scale,AlteredDominant 7th Scaleなど)、様々なコード・プログレッション(Ⅰ－Ⅵm7－Ⅱm7－V7－Ⅰ、Ⅰ－bⅢdim－Ⅱm7－Ⅴ7－Ⅰなど)によるフレーズ、様々なコードパターンによるバリエーションなど、第2巻はブルースのコードパターンとフレーズ、またクロマチックなスケールとフレーズ、シークエンスパターンやパラレルなフレーズの練習などもあるので、プログレッシブな演奏にはとても参考になるだろう。
ただし1巻、2巻とも右手のみで、左手の掲載はなし。左手は右手ほど変化がないので掲載しなかったのかもしれないが、やはり両手を掲載して欲しかった。

『JAZZ PIANO CHORD WORK』(藤井貞泰/リットー・ミュージック)1979年

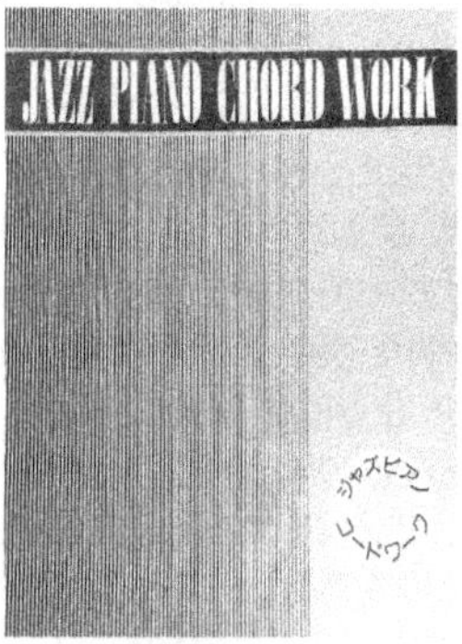

本書の内容はDon Haerleの『JAZZ /ROCK VOISINGS for the CONTEMPORARY KEYBOARD PLAYER』に似ている。多分参考にしたのだろう。
Don Haerleの本、同様、左手のVoicingも、両手Voicingもかなり詳しく掲載されている。
またModalなコードワークはDon Haerleの本よりも詳しい。

『JAZZ PIANO MODE STUDY』(藤井貞泰/リットー・ミュージック)1979年

日本で初めてのモード奏法に特化したジャズ・ピアノの教本。各モードの特徴、ハーモニゼーション、また、キャノンボール・アダレイ、ジョン・コルトレーン、ハービーハンコック、マッコイ・タイナー、スタンレー・タレンタインのアドリブ例も掲載されている。モードジャズというのはどう言うものか大体の感じはつかめると思う。ただモード奏法は各プレイヤーがそれぞれのやり方で演奏していることを考えると、この教本も参考になるところが多いと思う。またモードの演奏には同じ藤井貞泰の著書『ジャズピアノインプロビゼーションの技法２』の「SEQUENCE」、「PARALLEL」の章も参考になるだろう。

『ジャズ・インプロヴィゼイション–ブルースと基本インプロヴィゼーション：ピアノ』(Dominic Spera、内堀勝訳/日音)1980年

著者の Dominic Spera はトラペット奏者、作編曲家、バート・バカラック、ペトラ・クラーク、ジョニー・マチス、アンディ・ウイリアムス、ヘンリー・マンシーニなどと共演歴がある。本書の内容はブルースで使用する基本的なコード、スケールの説明から入り、さらに9th、13th の音をカラートーン、またそれらの音を含むコードをカラーコードと呼び、カンピングの実例が示されている。またそれに伴うフレーズはシンプルなので、演奏はしやすい。後半は代理コードを含むブルースをニュー・ブルースと呼び、エクササイズが続く。特別難解なコードもフレーズもないので、初学習者にお勧めできる。

『Modal & Contemporary Patterns』(David N. Baker/ Charles Colin; Treble Clef Edition edition)1980年

著者の DAVID BAKER は作曲家でトローンボーン奏者。多くの教本を執筆している。プロデューサーでエンジニアの DAVID BAKER とは別人物。本書はモーダルな奏法を中心としたプログレッシブなアドリブの教本。モーダルなアプローチというのは長・短調のスケールのように音と音の主従関係や中心音に束縛されず、自由な演奏ができる利点がある。本書ではモーダル・パターンとして、ジャズでよく使われる Dorian mode の他、全音音階やディミニッシュ音階もモーダルパターンとして分類している。またドミナントモーションにおいてはペンタトニックを基本にモード的な解釈をしている。それからコルトレーンの"Countdown""Giant Steps"も取り上げているが、この曲は直接モードとは関係はないのだが、コード進行をモード的に解釈したり、ペンタトニックで演奏したり、プログレッシブな方法を掲載している。コルトレーンはこの曲を発表した後、モード的な曲へと発展させ、やがてフリー/ジャズへの道へ進んで言ったのを考えると納得の行くところである。

Boogie Woogie Hanon (Leo Alfassy Amsco Publications) 1980年

Boogie Woogie Piano はジャズピアノの言わば古典である。しかし、クラシックのピアノの学習で必ずと言ってくらいバッハのインベンションやハノン、ツエルニーを学ぶように、ジャズピアノ初学習者が Boogie Woogie Piano を必ず弾かなければならないというわけではないと思う。ただ、Boogie Woogie Piano を弾くと、ブギウギ、まさに言葉通りウキウキするピアノで楽しい。ちなみにモダン・ジャズでもローランド・ハナなどは Boogie Woogie Piano のスタイルを取り入れているし、リチャド・ティーなどのフュージョンスタイルを弾くのにもブギウギの練習はやくにたつと思う。と言うのもモダン・ジャズ以前のピアノスタイルは左手の役割は、モダンジャズピアノ以上に重要なので、技術の向上に役立つからである。尚、Leo Alfassy Hanon Series には他に Jzz Hanon と Blues Hanon がある。

『Transcribed voicings』(Jamey Aebersold/ Jame Aebersold) 1980年

コンピングの教本だが、教本らしく(?)、実際の演奏よりも音の数がかなり多いように思う。
どの曲も具体的な楽曲を例にカンピング例が示されている訳ではない。前半はコードごとにコンピング例が示されていて、後半はブルースにおけるコンピング、また 4 度圜によるドミナント 7th のコンピングなどが示されている、総じて言えることは、パラレルな Voicing の動きがとても多い。技術の向上にはなるだろうが、端的にいえばメカニックなトレーニング本と言えるので飽きが来るかもしれない。

『OSCAR PETERSON JAZZ PIANO SOLOS』(松延佳代/日音) 1981年

オスカーピーターソンの Trnscription は多くでていると思うが、中でも本書は絶頂期の名演奏を取り上げている点で、とても良い教本である。
掲載曲は「NIGHT TRAIN」、「C JAM BLUES」、「GEORGIA ON MY MIND」、「BAG' S GROOVE」、「I Got It Bad And That Ain't Good 」、「PerdidoBody And Soul」 、「Who Can I Turn To 」、「 Take The 'A' Train」、「TRISTEZA」
いつだったか TV を見ていたら、天才ジャズ・ピアニストという小学校低学年の少年が出てきて、「A 列車で行こう」を弾いていた。周囲は大拍手。実は本書 P65～71をソックリそのまま演奏していて、即興でもなんでもなかった。

『JAZZ PIANO FAN』(今田勝/YAMAHA MUSIC FOUNDATION)1981年

この「JAZZ PIANO FAN」シリーズが何巻あるのか定かではないが、今田勝が執筆した教本はおそらく本書だけだと思われるので、そういう意味では貴重な教本かもしれない。
掲載曲は9曲、スタンダード曲の「I CAN'S GET STARTED」、「I FALL IN LOVE TOO EASILY」,「POLKA DOTS AND MOONBEAMS」「I THOUGHT ABOUT YOU」、「MY ONE AND ONLY LOVE」「LEFT ALONE」に今田勝のオリジナル曲「LITTLE BLUE」「3×3 STEPS」「PIKO」、難易度は初級から中級の間くらい。多少ジャズピアノを弾けるようになった人が、次のステップアップとして弾くにはちょうどいいだろう。

『IMPROVISING & ARRENGING ON THE KEYBOARD』(James Oesterich, Earl Pennington/Prentige-Hall ING.)1981年

音程から始まって、コードやスケールなど基本的な説明がされているので初学者向けと言える。
また Jazz だけでなく Folk, County music, Rock,の奏法についても書かれている。
特徴的なことは Modal jazz について40ページもの説明がされているところだろうか。モード奏法における「Non Diatonic tones」(ノンダイアトニックなアプローチ)、「Cromatic Passing Chord」(クロマチックなコードの使用例)、「The Suspended forth」(Sus4によるコードの使用例)など、このあたりは他の教本では詳しく述べられていないため一読の価値はある。尚ペンタトニックについては書かれていない。

『JAZZ VOCAL REPERTORY VOL.1 』(小谷敦夫、丸山繁雄 編著/TOSHIBA EMI MUSIC、リットー・ミュジック) 1982年

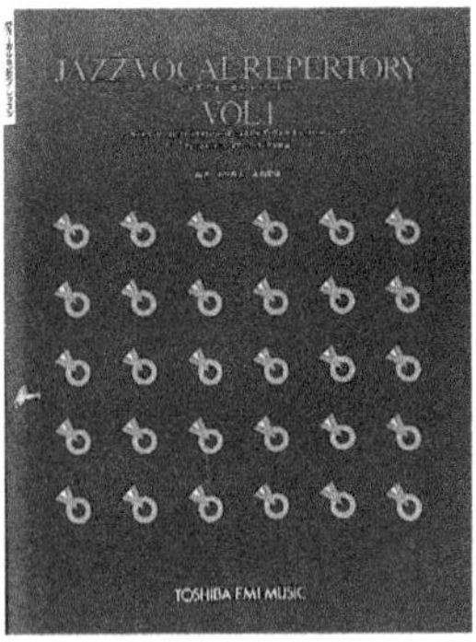

「ジャズ・ボーカル+ジャズピアノ」の教本はこれ以前にあったのだろうかと考えると、実際に演奏されている音楽を想定した教本は本書が多分初めてだったように思う。
ジャズ・ボーカルはポップスのように楽譜通り歌うことはめったにない。それだけピアニストは臨機黄変に対応できる柔軟性が必要だ。つまりコンピングによってボーカルのサポート役を行う一方で、ボーカルをリードすることもあるだろう。それにボーカリストの音域はまちまちなので、できればどんな調もでも弾ける技術が要求されるかもしれない。そういう意味で本書はピアニストとしての幅がひろげたり、演奏の向上の手助けになるだろう。

『JAZZ SOUNDS PIANO SOLO』(世良譲監修、林知行編曲/リットー・ミュージック)1982年

このシリーズは3巻まである。
どれも全体的にバラード演奏が主体で、左手でウォーキングベースライン、右手でアドリブといったスタイルは掲載されていないので、難易度としては初級と中級の間くらい。それほど難しくないので、レパートリーを増やすのにはちょうどいいかもしれない。

『ジャズ・ピアノ・アドリブ・マスター』(小谷教夫/リットーミュージック)1982年

「オン・グリーン・ドルフィン・ストリート」、「枯葉」、「ブルース」、「ミスティ」の4曲が掲載されているが、これらの曲を弾くために必要なコード、スケール、アプローチ・ノートなどの説明、そしてアドリブ例が示されている。
音程から説明している教本ではないので必ずしも初学習者向けではないが、1曲、1曲の説明は丁寧なので、じっくり取り組むには良い教本だろう。
初版はソノシート、その後の改訂版には CD が付いている。

『Virtuoso Jazz Stylings-an Introduction-Intermediate Piano』(Jim Progris/Maestro Jazz Series) 1982 年

この本はソロピアノの教本である。
BLUSE,DIXELAND,SWING,BEBOP のスタイルの演奏が学べる。と言うとかなりの豪華版の思えるが、64ページと言う薄さ。アレンジは明快でわかりやすい。ソロピアノを学びたい人には手頃な教本であるし、初学習者にもお勧めできる。

『井上鑑アレンジセミナー』（井上鑑/リットー・ミュージック）1982 年

井上鑑は多彩な活躍をしている作・編曲家であるが、本書は様々な角度からアレンジとは何かを探っている。
ざっと内容を紹介すると、基礎編：メロディ-、ハーモニー、和声進行について、楽器編：楽器について、エフクターについて、実践編：アレンジの実際として、ビートルズの「Get Back」をロックンロール、フュージョン、バラード、New Wave、スティビー・ワンダー、演歌など様々なスタイルで試みている、そしてスタジオワーク・アレンジャーの心得、オリジナリティーを確立するにはどうなるか、などである。ソノシートの付いており、実際のスタジオでのレコーディンス風景が垣間見ることができる。とても興味深い教本といえるだろう。

『秋吉敏子ベストコレクション』（秋吉敏子/リットー・ミュージック）1983年

秋吉敏子と言えば自ら率いるビック・バンドの活躍が一番思い浮かぶ。何しろ秋吉敏子のオリジナル曲だけを演奏するオーケストラだったことは画期的なことであったし、世界の最高峰のビック・バンドだった。音楽的にも水俣病をテーマにした「インサイツ」、や小野田少尉をテーマにした「孤軍」、また広島の原爆をテーマにしたアルバムもあり、社会派の音楽家のようなイメージさへ感じるのである。本書はソングブックでビックバンドの活躍とは直接関係はないかもしれないが、やはり秋吉敏子の音楽には深みを感じさせる。ジャズ史と言わず、音楽史上貴重な財産だろう。

『JAZZ HARMONY STEP1、2』（飯田敏彦/全音）1983年

飯田ジャズスクールの校長、飯田敏彦の著、おそらくスクールで使用していると思われるが、第 1 巻と第 2 巻がある。それぞれ理論編と実践編に分かれている。
第1巻は音程から始まって、「コードネーム」、「ダイアトニックスケール」と「ダイアトニックコード」、「ケーデンス」、「リハモニゼーション」、「ドミナントモーション」、「セカンドリードミナント」etc など基本的なジャズ理論が習得できるようになっている。実践編はピアノ・キーボードの Voising について書かれている。ジョン・ミーガンの教本でおなじみの Afom、Bform に分けて説明している。実例曲として、「酒とバラの日々」が掲載されている。
第2巻は「短調のコードやスケール」、「転調」、「旋法変換」、「分数コード」、「ディミニッシュコード」、「コード・トーン、ノン・コードトーン」、様々な「ハーモニゼーション」etc、実技編として「アドリブ・フレーズ」をどのように作るのかが示されている。第 1 巻と第 2 巻共、課題に対して答えを書き込みながら習得するワークブックスタイルになっている。

『CHICK COREA』(チック・コリア/全音)1983年

チルドレンス・ソングと言えば、バルトークのミクロコスモスのジャズ版を思い浮かべるが、本書は特に子供が弾くために書いたわけではないらしい。(決して難易度は高くないので、子どもが弾いても良いと思うが)、よく岡本太郎が、子ども絵が一番すばらしいと言っていたが、それは子供に対して言ったのではなく、大人に対して子どものような純粋な気持ちを忘れるな、とでも言っていたのだと思う。この曲集もそんな気持ちが込めて作曲したのかもしれない。曲は全体的に流れるようなオスティナートが特徴だが、心地よさの中にも時より力強さを感じるセンスの良い作品集である。

『キーボード・スタディ』(前田憲男監修、ABO MUSIC キーボード研究会編)1983年

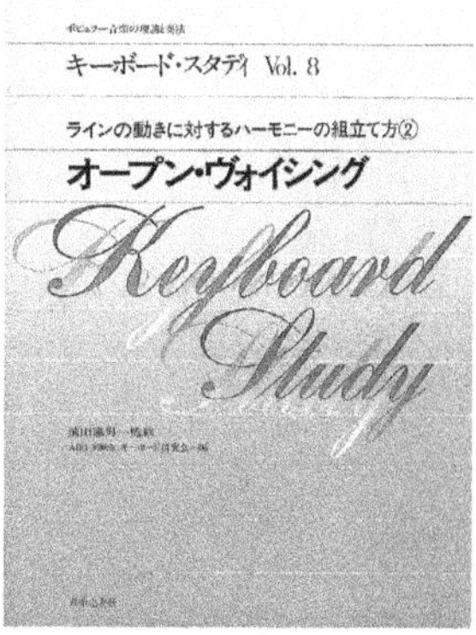

全部で12巻の大著。各巻をざっと紹介すると、Vol.1「コードのしくみ」、Vol.2「コードの働き」、Vol.3「ハーモニーの組み立て」、Vol.3「スケールとテンション」、Vol.4「いろいろなコード進行」、Vol.5「」、Vol.6「転調の方法とコードの扱い方」、Vol.7「クロース・ヴォイシング」、Vol.8「オープン・ヴォイシング」、 Vol.9「ラインとコードの慣用例」、 Vol.10「キーボートとアレンジの実際」、Vol.11「ポピュラースタイル」 Vol.12「ジャズ・スタイル」となっている。
各巻の詳細な説明は省略するが、これだけの大著なので、ジャズやポピュラーピアノに関するおおよそのことは学べるだろう。もっとも今となっては、理論面についていえばこの教本でないと学べない内容があるわけではない。ただ、これ以前の教本と比べてどこが新しいのかといえば、ジョー・サンプル、ディブ・グルーシンなどの当時流行したフュージョンのキーボードや、キース・ジャレットの奏法についてのエクササイズがある点ではないだろうか。

『JAZZ PIANO SEMINOR』（信田かずお/シンコーミュージュック）1983年

なかなかの良書。掲載曲は「ON GREEN DOLPHIN STREET」（WYNTON KELLY）、「C JAM BLUES 」（RED GARLAND）、「 BLUES ETUDE 」（ OSCARPETERSON ）「TWO LOVES」（DUKE JORDAN）、「SOL EYES」（McCOY TYNER）、「NEVER」（WYNTON KELLY）、「ON A CLEAR DAY」（BILL EVANS）、などの完全コピー。
それぞれ使用するコード、スケール、代理和音、アプローチノートなどについて詳しく解説がなされている。本書で学習すれば、かなり力がつくだろう。

『The Jazz Composition of John Coates,JR』（Jr. John Coates, Bill Dobbins / Shawnee Press）1983年

ジョン・コーツ・ジュニアの音楽を聴いた時、カントリー風の心地よい響きを持った音楽で、すぐにキース・ジャレットに似ていると思ったものだ。ところが実情はキース・ジャレットがジョン・コーツ・ジュニアのバンドでドラムを叩いていたらしい。と言うことはキースの方がジョン・コーツ・ジュニアの影響を受けたと言った方がいいかもしれない。
ソングブックなので、アドリブの掲載はないが、なかなかセンスのいい楽曲集である。尚、ジョン・コーツ・ジュニアやキースジャレット、またジョージー・ウインストンのような演奏を行いたいなら、同時にカントリーピアノの教本なども参考にすると良いのではないだろうか。

『ジャズピアノ技法入門』（レメディア研究所）1984年

コンピング（バッキング）の教本。
8つの課題を設定している。
Drop2nd の技法（On Green Dolphin Street）、リズムのバリエーション(Take The “A”Train)、ブルースの基本(Now' s The Time)、3拍子の練習 (Green Sleeves)、経過和音の応用(Sonny Moon For Two)、ポリ・コードの具体例 (Satin Doll)、トップ・トーンの役割 (Another)、総合練習(Shiny Stocking)。
掲載曲はどれも有名スタンダード曲、本書でカンピングの基礎を習得できるのではないだろう。

『アレンジ入門講座』（北原英司/日音）1985年、ソノシート付

本の内容は「記譜法」、「コード進行」、「コードスケール」、「リズム・アレンジ」、「リズムの組み立て」、「編曲構成」、「ホーン・アレンジ」、「ストリングス＆コーラス・アレンジ」と、一通りのとこは学べる。本書以前に出されたアレンジ教本との違いはリズムアレンジについて力を入れて執筆している点か。ストリングスの使い方も含め、全体はとてもわかりやすい教本。初学習者にお勧めできる。またソノシートが付いているので音で確認できるのがいい。

『ROOT'S MUSIC STUDY』（澤田駿吾/ルーツ音楽院）1985年

藤井貞泰の教本以降、ジャズ教本が多く出版されるのと時を同じにして、「ルーツ音楽院」、「ミューズ音楽院」、「メザー・ハウス」、「ラブリーミュージックスクール」、「パン・スクール・オブ・ミュージック」など、次々とジャズ・ポピュラースクールが誕生する。それに、以前からあった「飯田ジャズスクール（スタジオ）」、「ヤマハ音楽院（旧ネム音楽院）」、「アン・スクール・オブ・ミュージック」などを加えるとかなりの数に登った。また80年代に入ると「青山レコーディングスクール」、「音楽プロデューサー養成校 MPI」などスタッフ養成校も誕生するのである。そう言うジャズスクール出版の教本にも良書がある。

このルーツ音楽院発行のジャズピアノの通信教本は全部で12巻（付録として CD12枚、またはカセットが 12 本）。これだけ豪華なジャズ・ピアノ教材は他に類がないだろうし、学院長でギタリストだった澤田駿吾をはじめ、スタッフの熱意や努力によって生まれた素晴らしい教本だと思う。が、しかし、初学習者には難しいのではないだろうか。と言うのは、どの巻も前半が理論編、後半が実技編と分かれていて、その理論と実技の結びつきがわかりにくいように思う。従って初学習者の自宅にこの12巻がドサットと届いた時、果たして「ジャズを演奏してみたい、楽しみたい」と思うかどうか。「やっぱりジャズを演奏するのは難かしいのかな？」と思ってしまわないか。ちなみにこの教本現在でも、ルーツ音楽院のサイトで販売されているようだが、この高価な教本をヤフオクで、幸運にも超低価格でゲットできた。届いて見ると、カセットはビニール袋に入って、未開封だった。多分、購入したはいいが、使わなかったようだ。通信学習というのは、誰からも強制されないので、続けるには強い意志が必要なのだろう。

『Charlie Parker for Piano, Book 1』(Paul Smith, Morris Feldman 編曲/Atlantic Music) 1987年

チャーリー・パーカーの楽曲のピアノアレンジ集。
パーカーのアルバムからの Transcription なので、アドリブも忠実に再現されている。掲載曲は「AUPRIVAVE」、「BACK HOME BLUSE」、「THE BIRD」、「CONFIRMATION」「YARDBIRD SUITE」など。よくパーカーの音楽をピアノに置き換えたのがバド・パウエルなどと言われることがあるが、この教本はパーカーの演奏そのものをピアノ・アレンジしたものなので臨場感がある。そう言えば「スーパー・サックス」というグループがパーカーのアドリブをそっくりそのまま5人のサックス用にアレンジして話題になったことがあったが、パーカーのアドリブはそれだけ芸術性が高いと言えるのだろう。アドリブがこうやってエクリチュール化されることがジャズとして必ずしも名誉だとは思わないが、学習者には大いに参考になるだろう。

『New York Style Jazz Piano 教本 1.2』(三上クニ/全音) 1988年、1994年

著者の三上クニは、バリー・ハリスに学んだニューヨーク在住のジャズ・ピアニスト。
本書はバリー/ハリスのメソッドを紹介したもの。さっと内容を紹介すると第 1 巻(左)は「ダイアトニックスケールで出来る和音」の様々な種類と応用、及び曲への応用。ディミニッシュ・コードとそのスケール、エンディングへの応用。6th コード(バリー・ハリスは Ⅱm7 のコードはⅣ6 の転回形、V6 はⅥbm6 と考える)とその応用例。スケールを基本としてのアドリブ例など。第2巻(右)はメロディーに対してどのようなコードを付けたら良いか、ドミナント 7th、マイナー7th、マイナートニック 7th を基に演奏例として、「Over The Rainbow」,「Santa Claus Is Coming to Town」,「The More I see you」などを取り上げている。
全体としてアドリブの練習などは少ないが、Voicing に関しては多くのヒントを与えてくれる本である。

『The Jazz Piano』(Mark Levine/ Sher Music)1989年

かなり知られたジャズピアノ教本だと思うが、ざっと内容を紹介すると、音程の説明から入り、「Just Friends」を例に基本的なコード進行、ハーモニゼーションについて触れられている。P41～P58 までは主として左手の Voicing について書かれてある。P59～P96 まではジャズでよく使われるスケールの説明。P97～P136 までは「So What Chords」、「Upper Structures」、「Pentatonic Scales」とプログレッシブなジャズでよく使われる技法についての説明。P137～P154 までは高度な Voicing の使用例（コルトレーンの Naima など）、P155～P166 は「Stride and Bud Powell voicing」、P167～P178 の「Four-Note Scales」と続く。そして本書で一番充実しているのは P179～P206 の「Block Chords」のところではないかと思う。「Four-way Close」、「Passing Diminish」、「Drop2」は言うに及ばず「Alt を含む minor Drop2」など様々なタイプの実例が示されている。その後は「Salsa and Latin Jazz」「Comping」などについて説明してある。音程から書かれてあると言っても、トレーニングブックのようなものではないので、初学習者が利用するには難しいと思われる。多少はジャズピアノが演奏できる人向けだと思う。端的に言えばジャズピアノ奏法の辞典と言ったところではないだろうか。

『Elements of the Jazz Language for the Developing Improvisor 』(Jerry Coker/Schaum Pubns)1991年

Jerry Coker と言えば著書「ジャズ・アドリブ入門」が60年代に邦訳され、日本でも知られていたミュージシャンだが本書はアドリブの実践的な手引書。

有名ジャズミュージシャンのアドリブ例が多数掲載されている。ざっと挙げると Chick Corea、Freddie Habbard, Hank Mobkey, Fats Navzrro、MccoyTyner, MilesDavis、JimHall、J.J.Johnson、John Coltrane、Bill Evans、Blue Mitchell、Lee Morgan、Kenny Dorham、John Scofield、など相当な数にのぼる。ただし Elements というくらいだからどれも数小節だが、（Clifford Brown と Michael Brecker のアドリブは一曲丸ごと載っているが）、CD も2枚ついているので利用価値のある教材だろう。

『A Chromatic Approach to Jazz Harmony and Melody』(David Liebman/Advance Music) 1991年

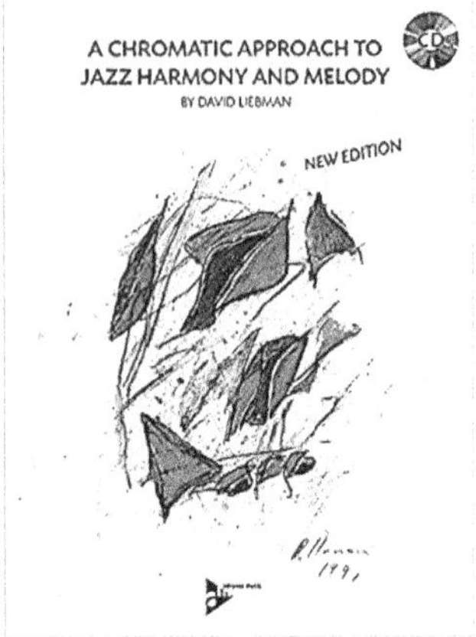

クロマチック・アプローチはモダンジャズ以後、とても重要な技法と言えるだろう。ビ・バップの場合は、フレーズとフレーズ、コードとコードをスムーズに展開させるつなぎ目としての役割だったと言えるだろうが、もっとプログレッシブなジャズとなると、クロマチック・アプローチは音楽全体の主従関係を曖昧し、音と音との関係を相対化する方法と言えるだろう。それは近現代音楽の流れと類似しているとも言える。本書はマッコイ・タイナー、ハービー・ハンコック、チック・コリア、マイルス・デイビス、ジョン・コルトレーンなどジャズのミュージシャンだけでなく、バッハ、ショパン、アイブス、シェーンベルグ、スクリャービンなどの実例。クロマチックラインにおけるクラスターを含むハーモニゼーション、スタンダードにおけるリハモニニゼーションとしての使い方。またリーブマン自身の作品についても言及している。

『Jazz Piano・ライト・インテリジェンス・ピアノ・スコア:山下達郎作品集』1991、『同:竹内まりや作品集』(神山純一編/カワイ出版)1992年

山下達郎、竹内まりや、小田和正、松任谷由実、井上陽水など、ポップスシンガーの曲をジャズで弾こうというシリーズの曲集。こういう種類の曲集は少しばかりジャズ風にアレンジを施した程度だろうと思いがちだが、この曲集(山下達郎、竹内まりや編を見ると)はどうして、どうして本格的なジャズ・アレンジの曲集になっているし、結構弾くのが難しいのである。このシリーズは神山純一のアレンジで、関連する同名の CD がビクターから販売されている。演奏は「ティム・ハーデン・トリオ」(は架空の名で実際は美野春樹が演奏している)。ところで、こう言う曲集を誰が買うのか?と言うのも山下達郎ファンがジャズ・ピアノ、それも少々弾くのが難しい曲集を買うだろうか?またジャズ・ピアニストが山下達郎や竹内まりや、の曲をレパートリーにするだろうか?

『キース・ジャレット：ザ・ケルンコンサート』（キースジャレット監修／日本ショット）1991年

キース・ジャレットのソロ・ピアノは70年代から80年代にかけて、ジャズ界のみならず、クラシックの世界でも大きな話題となった。本書が Schott と言う出版社から出されたのもそれを物語っている。ただ、クラシック界から評価されたから、キースのピアノの演奏が優れていると言うわけではないし、それによってクラシックとジャズがお互い触発されたとか、過剰な意味を布置したのでもないだろう。要するにただ単にキースのピアノを聴きたい。できればこのような演奏を自分もしてみたいと思わせたのだろう。ただ本書の序文でキースも言っているが、即興演奏を正確にエクリチュール化することは不可能であるし、楽譜はあくまでも参考資料であると。そう感じながらも、それはそれとして、この教本、幻想的な冒頭の曲もいいが、個人的にはキースと言えばカントリー調の心地よい演奏がなんと言っても素晴らしい。もちろんそうした演奏も存分に掲載されている。

『JAZZ PIANO BOP STUDY』（磯野数幸／レメディア研究所）1992年

ビ・バップスタイルの本、「循環形式の構造」、「Voicing」,「バッキング奏法」、「フレーズ研究」、「演奏譜例」からなる。
掲載曲は「Moose The Mooche」、「Cheers」、「Dexterity」、「Anthropology」、「Kim」、「Bird's Nest」、「Oleo」など。
ピアノに関してはベースラインを含む典型的なビ・バップのアドリブ例が掲載されているで、アドリブ演奏の基本は学ぶには良い教本であろう。

『やさしいジャズ・ピアノ講座』（西直樹／シンコー・ミュージック）1993年

「A 列車で行こう」、「サテン・ドール」、「オン・グリーンドルフィン・ストリート」のスタンダート3曲をそれぞれ、メロディに忠実に演奏した場合、フェイクした場合、アドリブをした場合と、段階的にジャズが演奏できるように説明している。ハーモニゼーションについての説明は最小限に留めているが、スケールをどのようにフェイクし、アドリブまで持っていくか、詳しく説明されている。また後半の「理論とそれに基づく練習」ではフレーズの作り方が詳しく書かれているところも良い。お勧めしたい教本である。

『ジャズ・ピアノ・スウィンギングセレクション（ピアノ・ソロ）』（青山しおり他編/ドレミ楽譜出版社 ）1995年

本書の前半は「ラウンド・ミッドナイト」、「A 列車で行こう」、「サテン・ドール」など「ジャズのスタンダード中心の曲集。ただしテーマのみでアドリブなし。
他の曲集にはない特徴は後半にデイブ・グルーシン、ハリー・コニック Jr、デビット・フォスター、 ドクター・ジョンの Transcription を掲載しているところである。なぜこういうラインナップになったのかわらないが、面白い。
特にドクター・ジョンのアルバムから、セロニアス・モンクの「Blue Monk」掲載しているが、R&B というかゴスペス風の演奏は、他の曲集にはないので、楽譜と共にぜひアルバムを聴いて欲しいと思う。

『VOICING FOR JAZZ KEYBORD』（FRANK MANTOOTH /Hal Leonard Corp)1997年

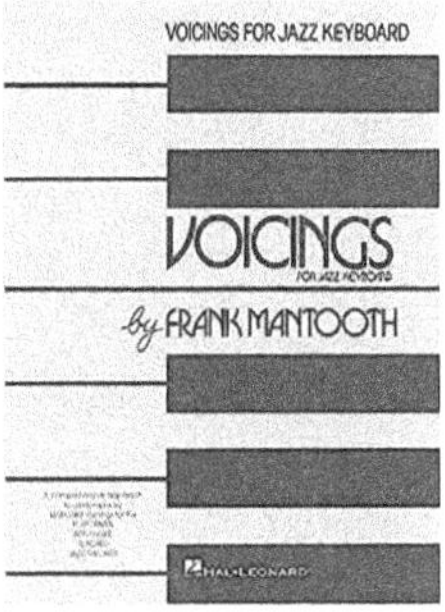

ハーモニゼーションの教本。
五声の Voicing を中心に描かれている。
特に 4 度重ねボイシングの重要性を解いているがそれらが5つの機能つまり、Strong Major (3rd and 7th present)、Weak Major (7th not present)、Minor、Suspended Dominant (11th chords)、Lydian を有しているのでミラクルコードと名付けている。また Poly Chord や Upper structure がドミナント・モーションでどのように展開されているも書かれてある。
プログレッシンブな演奏を行う上で参考になるだろう。

『JAZZ CHORD PROGRESSIONS』(Bill Boyd / Hal Leonard Corp) 1997年

ジャズで使用されるコードの基本書のようなもの。ほとんどが1小節二分音符2つで書かれてあるので、まるで和声聴音の課題曲集のような感じである。
特定の楽曲に即してハーモナイズしているわけではないので、実用的な教本ではないと思うが、それでもよく使われるコード進行を想定して書かれているので、コードを学ぶためには役に立つだろう。

『JAZZ ARRANGING 』(Norman David/Scarecrow Press) 1998年

JAZZの編曲法の本といえば、コードやスケールの説明から始まり、2part,3part,4part,など、小編成のライティングの方法から、最終的にビックバンドの編曲法を習得するというのが普通である。本書も例外ではない。今日では、何しろプロのジャズのビック・バンドはほとんど姿を消したことを考えると、直接ビック・バンドの編曲法の必要性はそれほどないのかもしれない。しかし、ポピュラー音楽の基礎、特にハーモニゼーションの基礎として、学ぶべきことは多いと思う。本書の特徴としてはサックス、トランペット、トロンボーンの各セクションのライティングは詳しく書枯れてあり、またメロディに対するカウンターメロディやオクターブユニゾンなどの説明もわかりやすい。各章に効果的なエクササイズも掲載されている。

『Jazz Standards for Piano』(Thomas Coppola/Hal Leonard Corp) 1998年

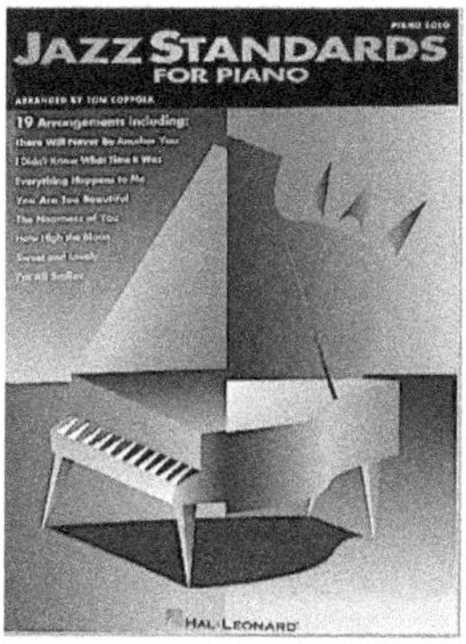

アドリブの部分はなくテーマのみだが、基本なコードワークの勉強になる。掲載曲は「Alice in Wonderland」、「April in Paris」、「Autumn Leaves」、「But Beautiful」、「Everything Happens to Me」、「Girl Talk」、「How High the Moon」、「I Didn't Know What Time It Was」、「I'll Remember April」、「I'm All Smiles」、「Lush Life」、「The Nearness of You」、「People」、「Stella by Starlight」、「Sweet by Lovely」など、ちなみに付けられているコード(リ・ハモニゼーションや内声の動き)はかなりハイセンスなもの。他にStella by Starlightのウォーキングベースラインなど演奏者に参考になると思う。

『JAZZ KEYBOARD』(NOAH BAERMAN/Alfred Pub Co)1998年

「Beginning」(初級)、「Intermediate」(中級)、「Mastering」(上級)の3つに分かれていた本を一つにまとめたもの。

「Beginning」(初級)は 7th までのコード、アルペジオやダイアトニックスケールなどシンプルなアドリブラインが中心。「Mastering」(中級)はクロマチックなアドリブと、テンションを含むオルタードドミナントによるハーモニゼーションやコンピング(サルサ、ボサノバ、サンバも含む)、

「Mastering」(上級)は「So What」を例にモーダルな演奏と4thVoicing、代理和音とリ・ハモニゼーションが中心。

全体的にみて、シンプルで明確な教本なので、初学習者には使いやすいだろう。

『ジャズ&ポップスセオリーシリーズ コード進行（CD 付）』（藤井英一/YMM）1998年

コードやコード進行を学ぶためのワークブックといったところか。他の教本を比べ、説明に取り立てて特徴があるわけではないが、随所に書き込みが設けられているので、特に短調のコード進行、借用和音の使い方などを整理するには良いし、また移調課題もあるので勉強になるだろう。またモードの説明で、通常 Cm の Key で使われるコードにモードを適用するとどうなるか、実例が示されていて興味深いが、わずか4ページなのでもう少し掘り下げて説明すると良かったのではないかと思う。CDが付いている点は良い。

『ジャズ&ポップスセオリーシリーズ 編曲（CD 付）』（平野孝幸/YMM）1998年

タイトルは「ジャズ・ポップスセオリーシリーズ」の中の教本だが、内容はジャズというよりはポップスのアレンジ教本と言って良いだろう。
ジャズの編曲ならビック・バンドの編曲を想定した、ハーモニゼーションが中心の教本になるが、本書はまず、リズム楽器のアレンジから書かれている。
ドラムやベース譜の例、イントロ、間奏、エンディングの組み立て方、後半には楽器法、ストリングス、ホーンセクションの構成など具体的に分かりやすく解説している。
クラシックやジャズの作・編曲法だとハーモニゼーションの勉強が中心になりがちだ、もちろんそれは重要だが、PC が音楽表現の現場に不可欠になった以降、リズムと音色の面はもっと重要なのである。その点本書はとても良い教本である。

『ジャズ・ピアノ・コレクション/レッド・ガーランド』（佐藤史朗/シンコーミュージック）1998年

本書の序文にも書かれているがレッド・ガーランドはジャズ・ピアノ初学習者にとって格好の学習材料ではないかと思う。と言うのもレッド・ガーランドの軽快なシングルトーンとブロックコードの演奏は明確でわかりやすいのである。
掲載されている「C ジャムブルース」は他の何冊かの教本で同じ演奏が掲載されているが、それだけ、ジャズ・ピアノのお手本中のお手本と言えるからだろう。
また、「マイ・ロマンス」はビル・エバンスの演奏と比べても、同等かそれ以上に素晴らしい。「Will Weep For Me」はブロックコードのお手本とも言える演奏。他の曲もすばらいし演奏ばかり。ぜひ参考にして欲しいと思う。

『Jazz Piano Concepts & Techniques』(John Valerio/Hal Leonard Corp) 1998 年
『Jazz Piano Technique: Exercises, Etudes & Ideas for Building Chops』(John Jalerio/ Hal Leonard Corp) 2013 年
『How to Play Solo Jazz Piano: Chapters Include: Chords & Voicings, Bass Lines, Swing Tunes, Ballads, Improvisation』(John Valerio Hal Leonard Corp) 2016 年

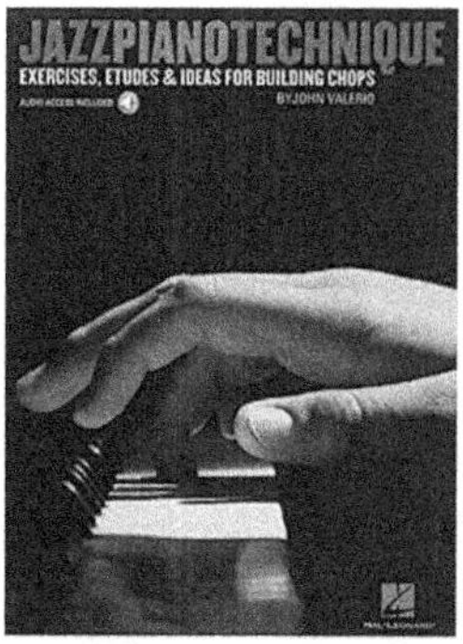

私なんかにも、「jazz piano を弾いてみたいけど、何か良い教本はありますか」と言う質問を受けることがある。本格的にジャズを演奏したいなら、ジャズスクールに通うのが手っ取り早いだろうが、私もそうだったように、まず書店や楽器屋に行って、教本を1冊購入して、弾いて見ると言うのが普通の行動だろう。すでに述べてきたように私がジャズに興味を持った頃、ジャズピアノの教本は何冊か出版されてはいたが、初学習者が使えるような教本は少なかった。その点今は、大量に教本が出版されている。ただ、数が多い分、何を購入したら良いのか迷ってしまうかもしれない。

　また、楽譜に音が固定されているクラシック音楽なら、目標とする音楽の全体像は明確なのでメソッドも絞りやすいだろうが、何しろ Jazz は即興であると共に、ジャズ・ピアニストは作曲家でもあるのだから、そうした広範囲な音楽的技術や素地を満たすための一歩となる教本を示すのは難しい。それに学習者の音楽的バックグラウンドによっても使用する教本は異なってくる。「楽器を演奏したことはないが、ジャズが好きでピアノを演奏したい。」、「ジャズは弾いたことはないが、昔クラシックのピアノを少し弾いたことがある。」「ピアノは全く触ったこともないが、ギターやトランペットなら演奏したことがある。」等、
それでもとりあえず、1冊と言うことなら、バイエル程度の技術で弾けると言う条件で、左上の教本『Jazz Piano Concepts & Techniques』をお薦めしたい。(最も明日になれば、また違う教本がいいと思うかもしれないが)、コードの説明、コードワーク、メロディに対するコード付と、ジャズ初学習者に必要な技法が書かれてある。アドリブの学習本ではないが、バイエル程度の技術で十分弾くことが可能なので、ジャズを全く演奏したことがない人にはまず最初の一冊として、本書をお薦めしたい。ちなみに著者の John Valerio は他にも数多く教本を出している、本書が弾きこなせたら(併用してもいいが)真ん中上、右も良書なので、ぜひ挑戦してほしいと思う。

『The World's Best Piano Arrangements』(Alfred Publishing Staff/ Schaum Pubns)1999年

スイング時代のピアニストが多いが、
George Shearing、Art Tatum, Teddy Wilson、Duke Ellington, Dave Brubeck, Bill Evans、Bob Zurke Mary Lou Williams, Hazel Scott Jess Stacy, Ed Shanaphy,
などのピアニストのスタイルを満喫できる。ただ、左手は10thが多いので手の小さな日本人には工夫が必要だ。またほとんどの曲にコードネームが付けられていない(付いているのはDave Brubeck, Bill Evans の演奏のみ)ので、初学習者には難しいかもしれない。中級以上の曲集ではないだろうか。

『A Classical Approach to Jazz Piano』(Dominic Alldis /Hal Leonard Corp) 2000年

本書はコードワークの教本。
スケールや基本コードの説明から入り、メロディに対する和声付け、「Reharmonization」、「Four-Part Harmony」、「Playing the Melody」、「Five-Part Harmony」、「polychords」、「upper structure triads,「block chords」「Pentatonic harmony」について書かれてある。全体としての特徴は内声の動きに関して、詳しく書かれている点だろう。というのもこの本のタイトルの「Classical Approach」とはジャズの古典的なアプローチという意味ではなく、西洋近代音楽の(クラシック音楽)和声法的アプローチという意味なのである。ちなみにクラシックの和声法における、非和声音は和声音へと解決されることを前提とするが、ジャズにおける非和声音はテンションとアプローチノートという言葉で解釈されることが多い。しかもテンションはそれ自体持続的に使用されたりする。したがって本書では7th までのコードはクラシック的に解釈が可能だが、テンションを含むコードワークはそれとは異なるものだということを示しているのである。

『CD付 藤井英一のジャズピアノトレーニング』(藤井英一/YMM) 2000年

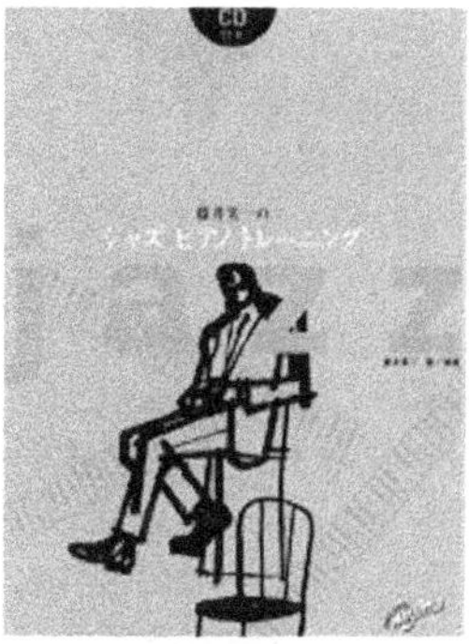

Part10まであるが、Part1 はジャズピアノの「ノリ」を体得するための短いフレーズ練習。Part2 は3つの小練習曲。Part3 は6音を使ったシンプルなブルース。Part4 の「コードパターンを使ったアドリブ」はドリアン・スケール、ミクソリディアン・スケール、オルタード・ドミナントスケールなどを使った練習でジャズの基本的な奏法を学べる。Part5 の「コード進行のアドリブ例」はPart4をさらに発展させたもの。Part6ブルース練習はPart3の6音のブルースに他の音を加えた練習。Part7 はスロー・バラッドの奏法、Part8は転調部分のアドリブ練習。Part9は応用練習、Part10は著者による2つの楽曲練習。トーレーニングのためのバリエーションも豊富なので数多い藤井英一の著作の中でもっとも良書に入るだろう。

『大阪芸術大学芸術学部通信課程音楽科教本』(七ッ矢博資、上原和夫、北原英司/大阪芸術大学) 2001 年

大阪芸術大学の音楽科は日本の音楽大学で、唯一通信教育が併設され、学位が取得できる。

大学のカリキュラムはクラシック音楽、コンピューター音楽、ポピュラー音楽の3分野で作曲法が学べるようだ。従って、この教本もそれが反映されている。スクーリングがあるので、全て Web 等で学ぶわけではないが、働きながら大学で音楽を学びたい人、昔、音楽大学で学びたかったものの学費が高くあきらめたが、再びチャレンジしたい人など、様々な学生の事情に応えられだろう。

『ジャズ・ピアノコレクション /ケニードリュー』(佐藤史朗/シンコー・ミュージック)2001年

ケニー・ドリューと言うと晩年、日本のレコード会社の依頼で甘めのイージーなアルバムを多く出していたような印象があるが、今改めて聞いてみると、どの演奏も素晴らしい。掲載曲中、まずは「I Can't Get Started」は C メジャーで弾きやすいし「Drop2」、「Upper Structure Triad」、下降半音進行などジャズ・ピアノの模範的な技法が使われていて参考になるだろう。「It Could Happen To You」はドリューの特徴の一つであるペダルポイントが多様され、また4度の音程の下降、パラレルなフレーズなどが演奏に変化を与えている。「Lullaby of Birdland」、「Softly, As In A Morning Sunrise」、「You'd Be So Nice To Come Home To」はマイナーkeyのアドリブ練習に最適だろう。

『Latin Jazz piano』(平田文一/立東社)2001年

日本で初めてのラテン・ジャズ・ピアノの本格的な教本ではないかと思う。ラテン・ジャズ・ピアノの奏法といえば、モントゥーノというシンコペーションを伴う、独特の奏法が特徴である。それは4ビートジャズが演奏できても、スタイルが異なるので、必ずしも容易に弾けるというものではない。その点、本書は 98 のエクササイズに CD が付いており、段階的にラテン・ジャズ・ピアノが習得できることになっている。ただ残念なのは掲載されている「Giant Steps」、「On The Sunny Side of The Street」、「A Night in Tunisia」と言った楽曲は、なぜか CD にそれらの演奏が収録されていない点である。それでもコルトレーンの「Giant Steps」をラテン・ジャズ・ピアノ奏法で演奏するというのも粋なものである。案外、ラテン・ジャズ・ピアノ奏法は守備範囲が広いので、この教本を参考に好みの楽曲をラテン・ジャズ・ピアノスタイルで弾いてみるのも面白いと思う。

『THE PROFICIENCY VOL.1』(小泉宏/Self Publishing) 2001年

小泉宏といえば、ニューブリードのコンサートマスターとして、フジテレビの家族対抗歌合戦でピアノを弾く姿をよく見かけた。
シンプルなアレンジなので小生でも初見で大体弾けたが、それでいて本格的なジャズ曲集になっている。とにかく音符が大きくて見やすい。掲載曲は「Day Of Wine And Roses」、「Satin Doll」、「All Of Me」、「Over The Rainbow」、「Smoke Gets In Your Eyes」、「But Beautiful」、「As Times Goes By」、「The Shadow Of Your Smiles」、「Moon River」、「Autumn Leaves」、「My Foolish Heart」、「Tea For Two」、「Fly Me To Moon」、「Meditation」Vo.1 となっているが、続編は出版されていないようだ。

『Jazz Piano Solos SeriesVol.1Miles Davis』(Arr by Brent Edstrom& James Sodke/Hal Leonard Corp) 2001年
『同 Vol.7 Smooth jazz』(Arr by Larry Moore /Hal Leon ad Corp)2001年

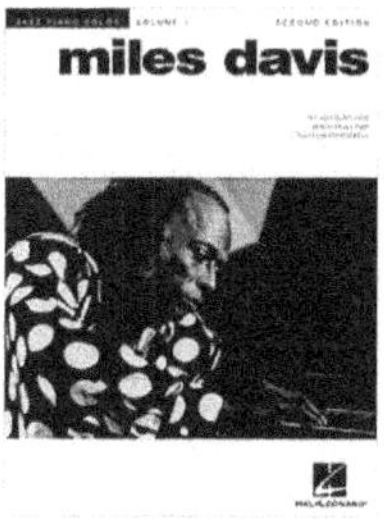

Hal Leonard Corp から出されている Jazz Piano Solo シリーズはこのマイルス・デイビス、や Smooth Jazz だけでなく、デュークエリントン、セロニアス・モンクなどのピアニストだけでなく、モダン・ジャズ・カルテット、ビートルズ、クールジャズ、など多岐にわたっている。アレンジは比較的平易なのでレパートリーを増やすには良い曲集だろう。

『MESAR HAUS THEORY step』(佐藤允彦/メザーハウス)2001 年

「MUSIC COLLEGE メザー・ハウス」の教本。私はⅠからⅤまで持っているが(Ⅵ以降があるのかわからないが)、この教本は、音名、音程、から始まって、「コード進行」「ハーモナイズ」「声部配置」など、一通りのことは学べる。私が特に気に入ったのは、Ⅴでモードについてかなり詳しく書かれている点だ、たいていのジャズ教本ではほんの少し触れられているだけに過ぎず、また「スケール」にも、「モード」にも「ドリアン」、「ミクソリディアン」と、同じ名前をつけているからややこしい。その点本書はモードの性質をかなり的確に説明しているし、とても勉強になった。

『Jazz Piano Solo Piano Concepts』(Philipp Moehrke/ATN)2002年

端的に言えばこの教本は有名ジャズピアニストたちの奏法研究。著者がそれぞれのピアニスト達のスタイルを真似た楽曲を掲載している。エロール・ガーナー、ホレス・シルバー、ジョージー・シアリング、バド・パウエル、キース・ジャレット、マッコイ・タイナーなどと共になぜかイリアーヌが入っているのか不思議だが。こういう教本としてはジョン・ミーガンのエチュードがあるが、こちらの方は一つ一つが楽曲になっているので実践的だろう。あえて言えばマッコイ・タイナーは右手のペンタトニックの奏法をもう少し詳しく、キースジャレットの場合はカントリーぽいノリの良い曲をまた、チック・コリアを入れてほしかった。CD が付いているのでとても参考になるだろう。

『はじめてのジャズ・ピアノ・トリオ』(宮前幸弘/リットーミュージック) 2002年

理論的なことは左手の Voicing と使用するスケールについて説明がなされているくらいで、著者も書いているように「習うより慣れよ」の教材。クラシック・ピアノのトレーニングは、長いこと一人で練習して合奏などほとんどしない場合が多いと思うが、ジャズの場合は最初から本書のようにトリオで演奏する方がいい。掲載曲は「バグス・グルーブ」、「モーニン」、「枯葉」、「サマー・タイム」、「A 列車で行こう」、「いつか王子様が」、「イパネマの娘」、「マイ・ファニー・バレンタイン」、「ドルフィン・ダンス」、「バルサ・ノバ」など、初学習者用のためか演奏はいたってオーソドックスなのでわかりやすい。冒頭の「バグス・グルーブ」は6音だけで演奏できるようなっているところも良い。ただし本と付録の CD の関係がわかりづらい。通常の教材と反対にベースとドラムのカラオケが、10track まで入っていて、11 から 20 までがアドリブを含むお手本の演奏。デタラメでもなんでもいいから、まず演奏して見なさいと言う意味なのか。また、CD に含まれていない、テーマだけの楽曲が20曲も、お手本演奏のページの前に掲載されているので、一体どの曲が CD に含まれているのかわかりづらい。

『演奏能力開発エクササイズ:キーボード』(ディヴ・リミナ/リットー・ミュージック)2002年

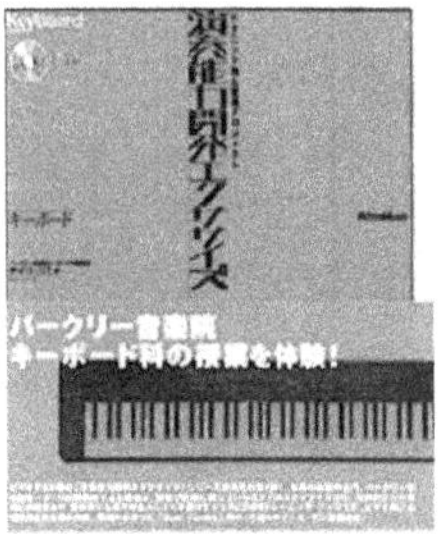

「本書はバークリー音楽大学キーボード科助教授である著者が、授業で実際に使っているピアノのエクササイズから、基礎的な力の養成に効果があり、音楽的にも魅力的なメニューを選りすぐった CD つきトレーニングブック」とあるが、内容はバッキングのネタ本のような感じだ。ロックやブルースの実例が多いが、プログレッシブな演奏を行いたいジャズ・ピアニストにはハービー・ハンコック、スティービー・ワンダー、リチャード・ティーなどの奏法を説明した、ファンク的テクニックがとても参考になる。

『A Classical Approach to Jazz Piano Impovisation』(Dominic Alldis / Hal Leonard) 2003年

Part1 の第 1 章は Pentatonic の improvisation から始まっている。Pentatonic はモーダルな improvisation ではよく使われるため、上級者向けの学習と言えるのだが、また同時に音と音との間の主従関係がそれほど規定されないので初学習者でも自由に即興が行えるという利点もある。そういう意味で本書は理にかなった、構成となっている。Pentatonic の次はブルース、ビ・バップでの演奏スタイル。そして再び Pentatonic、今度はマッコイ・タイナーなどの高度なスタイルの Pentatonic の解説、そして、左手のボイシング、ウォーキング・ベースラインの練習と、初学習者にはとても学びやすい構成の教本である。

『Hal LEONARD KEYBOARD STYLE SERIES・BEBOP JAZZ PIANO』(JOHN VALERIO/Hal Leonard Corp)2003年
『同 /POST-BOP JAZZ PIANO』(JOHN VALERIO/Hal Leonard Corp)2005年
『同 /Smooth jazz』(Mark Harrison/Hal Leonard Corp)2005年

この「Hal LEONARD KEYBOARD STYLE SERIES」シリーズはこの３冊以外にも「Contemporary Jazz piano」「Latin Jazz Piano」など多くの教本が存在する。価格も手頃で、内容的にも実用的な良書。それぞれをざっと紹介すると『BEBOP JAZZ PIANO』は、前半が Bebop で使われる、ハーモニーやコード進行、アドリブやコンピング、後半がバド・パウエルとセロニアス・モンクのスタイルについて書かれている。バド・パウエルについては、他にも教本があるだろうが、セロニアス・モンクについてはモンクのアイロニーな表現をうまくとらえている。ジャズ・ピアノの入門者にお薦めの教本。
『POST-BOP JAZZ PIANO』はビル・エバンス、ハービー・ハンコック、マッコイ・タイナー、チック・コリア、キース・ジャレットの演奏法について書かかれている。CD による模範演奏付きなので、プログレッシブな演奏をしてみたい人にはとても参考になるだろう。中でもビル・エバンスのハーモニゼーションや、ハービー・ハンコックのアドリブラインは彼らの特徴がよく表現されている。マッコイ・タイナーの場合、カンピング例はとても良いと思うが、右手のペンタトニックはダイレクトすぎて、アクセントのつけ方が今ひとつのように思う。
チック・コリアは冒頭からあの「ナウ・ヒーシングス・ナウ・ヒー・ソッブス」のアウトフレーズが掲載されていてところは嬉しい、また、ラテンぽいチック独特のリズムもよく表現されている。キース・ジャレットはハーモニーに関してはその特徴をよく表しているが、あのカントリーぽいリズムによる音楽も取り上げて欲しかったと思う。
『Smooth jazz　piano』とは何かと言えば、フュージョンのことだと思って良いだろう。Smooth jazz のハーモニーはそれほど複雑ではないし、インプロビゼーションの部分も長くない。とは言え4ビートジャズばかり演奏している人にとって Smooth jazz の8ビート、16ビートの演奏は特にリズムを取るのが難しいと感じるかもしれない。本書の CD の模範演奏は2トラックの構成になっているが、最初に slow speed でピアノ、ドラム、ベースによる演奏が、次に full speed でピアノ、ドラム、ベース、シンセによる演奏が収録されているので。これに沿って練習すれば Smooth jazz の感覚が身につくだろう。ところで同シリーズで『Contemporary Jazz piano』と言うのがあるが、内容はこの『Smooth jazz　piano』に似ている。決してセシル・テイラーなどの Free jazz のピアノ奏法ではないと言うことを付け加えておく。

『HERBIE HANCOCK JAZZ PIANO』(HERBIE HANCOCK/ドレミ楽譜) 2004年

ハービー・ハンコックといえば、60年代には「ウォーターメロン・マン」がヒット、またマイルス・デイビスのグループで活躍。70 年代に入ると電気ピアノやシンセサイザーを導入した「ヘッドハンターズ」が大ヒット、一方 VSOP クインテットでのアコースチックな路線も忘れなかった。また80年代に入っての「フューチャー・ショック」では、ヒップ・ホップを大胆に導入。DJスクラッチによるクラブ・ミュージックの試金石ともなった。この楽曲集はそのようなハンコックの多彩な面を反映させたものになっている。掲載されている中で「Four」、「New York Minute」は4ビート、「Watermelon man」、「Maiden Vayage」、「Cantaloupe Island」は8ビート、「Sonrisa」「The Essence」は 16 ビートなど、難易度は高いがプログレッシブな演奏を行いたいピアニストにはいうって付けの教材であろう。

『ジャズセオリーワークショップ ジャズ理論講座 初級編、中・上級編』(小山大宣/武蔵野音楽学院出版部)2004、2005年

武蔵野音楽学院で使用されていたテキスト。
初級編は第1章、2章でジャズを学ぶ以前の知識として、倍音や平均律、音程や音階、和音の基礎知識が書かれてある。第3章、4章ではコードの機能とコード進行全般について第5章は平行調、近親調、同主調など調関係、転調について、第6章と7章は、Available Note Scale と Tension の関係また、メロディやフレーズがどのように作られているか詳しく書かれてある。第8章その他の知識として、クリシェ、Pedal point、Good Sound の条件、Diminishied Chord について説明している。第9章は「Misty」のアナライズ。
中・上級編の第1章は Chromatic Approach、Altered Dominant Approach などの様々な Voicing、及び Reharmonization、得に Contrary motion について詳しい実例が示されている。第2楽章は Upper Structure Triad がとても詳しくまとめられている。
第3章、4章は Mode の説明、西洋音楽史の中で Mode がどのように考えられてきたかを説明すると共に、Jazz における Mode の技法を扱っている。第5章は Combination of Diminished、第6章は複調、多調、多旋法、12音技法について説明している。第7章は分数コードジャズだけでなく、様々なポピュラー音楽、またクラシックや現代音楽を学ぶ人たちにとっても参考になる良書だろう。

『広池英子の世界—量子論的思考から生まれたジャズ（ジャズ批評ブックス）』（廣池英子）2004年

著者は物理学者（量子論）でジャズピアノも弾く。
よく「量子論」は現代アートをささえる自然科学として「相対性理論」と共によく引き合いに出されるが、「量子論」とジャズがどう関係しているのか？「量子論」では光の本質は波動なのか粒子かは固定されたものではいと言うがそれがジャズのアドリブと関係するのか？掲載されている Psychedelic Phonon Dance について著者廣池はこう述べている「″量子力学によれば波によって記述できるものは、 全てその波の振動数にブランクの定数をかけた大きさのエネルギーを持つ粒子によって記述することができます。音は空気の粗蜜波ですから、それに対応する粒子を物理学者は Phono（フォノン）と呼んでいます。この曲は、Phonon が空中を乱舞する様子を表しました。Phonon は何かにぶつかって反射するまで空中を直進します。」尚、関連した CD が発売されている。

『ジャズ・ピアノ・テクニカルメソッド ジャズの練習』（中島久恵/ドレミ楽譜）2004年

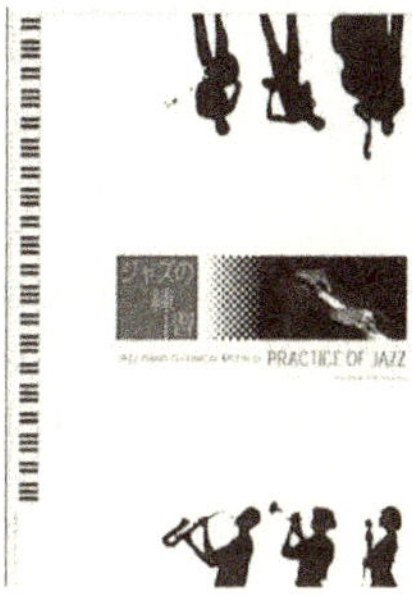

端的に言えば、本書はジャズピアノのトレーニングブック。ジャズピアノのハノンと言ったところ。日々のトレーニングは重要なので、このような本は必要だろうが、冒頭から P155まではひたすら、スケール練習、アルペジ練習が中心。ジャズ版ハノンのようなもの。こういう練習は飽きが来るので、忍耐が必要だろう。P156 からのコードパターンと慣用句は、左手が「Root と7th」と「左手のクロースド・ヴォイシング」、右手はビ・バップ的なフレーズによる練習、P187 の「オープン・ボイシング」の練習。全体的にメカニカルな練習がほとんどだが、技術の向上にはとても良い教本だろう。

『ピアノ・ソロ ミシェルカミロ（アドリブ完全コピー）』（青山しおり/シンコー・ミュージック）2004年

フォービートジャズが演奏できてもラテンジャズピアノとなると独特のリズム感が必要となる。本書で十分研究するといいだろう。カミロの演奏はとにかく隙間がなく、最初から最後までバリバリ弾くのが特徴。掲載曲は全てカミロのオリジナ、「Thinking of You」、「Caribe」などの演奏はパワフルだ。ただ1曲くらいスタンダードをラテンぽく演奏するのがあっても良かったのではないか。それはそれで参考になるだろうから。確かにテクニックは抜群だが構成は単純な気もする。なので何曲も聞いていると飽きがくる。カミロを聞いた後はセロニアス・モンクが聞きたくなる。

『Exploring Jazz Piano1.2』(Time Richsrds / Schott) 2005年

第1巻は初学習者にオススメの内容。著者の楽曲を基に9th までの基本コード、特にアルペジを中心とした、平易なアドリブの練習が多く掲載されている。
第2巻は 9th、11th、13th のコード、Fourth Chords、modal voicing、楽曲もそれぞれのコードやスケールの解説に即したものが取り上げられている。CD 付きだが、録音されているのはテーマのみ、アドリブの部分は本には掲載されていない。アメリカの教本はこのようなものが結構多い。このあたりは日本の教則本との違いでもある。

『High Class Jazz Piano スタンダード名曲集 上級者対応』（納谷 嘉彦/シンコー・ミュージック ）2005年

著者の納谷嘉彦は第一回日本ジャズグランプリで、最優秀ソリスト賞を受けたのはなんとなく記憶にあるが、それはともかく本書は上級者対応と言うことになっているが、中には易しい曲もあるので、中級以上と言ったところか。「A 列車で行こう」両手ともシングルトーン中心で弾きやすい、ジャズのノリを体得するには絶好の曲だろう。また「Night And Day」は左手のリズムをキープしながらの右手のアドリブは秘術の向上には良いだろう。「My One And Only Love」、「Body And Soul」、「Stardust」はバラードの練習にはうってつけ、リハモニゼーションされているところなどは参考になるだろう。左手は10th のところが多いので届かない場合は工夫が必要だが。CD 付き。

『ハイグレードセッション ジャズ ピアノスコア 』(秋谷えりこ/ シンコー・ミュージック) 2005年

上級者用の教本にふさわしい内容と言えるだろう。「The Day Of Wine And Roses」、「Donna Lee」、「I Love You Porgy」の三曲は Bebop の練習にうってつけ。特に「Donna Lee」はテーマ自体がまるでアドリブのようになっているやや難しい曲。十分弾きこなせば力がつくだろう。後半は新主流派とも言える、ウエイン・ショーターの「Footprnts」、ハービー・ハンコックの「Cantaloupe」、チック・コリアの「Spain」、「La Fiesta」を取り上げている。このあたりが他の教本にはない本書の特徴だろう。これらの曲はモード的な解釈、ポリ・コードの使用などプログレッシブな演奏をしたい人には大いに参考になるだろう。

『Jazz Inventions for Keyboard: 50 Etudes That Will Improve the Way You Play Jazz』(Bill Cunliffe/Alfred Publishing)2005年

Inventions と言うタイトルから、ジャック・ルーシェがやっているようなバッハのジャズ化と思ったらそうではなかった。あえて言えば、ジャズ・ツェルニーといったところか。50のエチュードからなる。基本なコードやスケール、BeBop のフレーズ練習などが主な内容だが、No26 の「Five-VoiceChorale,Susp.Harmony」、No27 の「Polytonal Arpeggios」、No47 の「Line with Major Triad Pairs」あたりはプログレッシブな演奏をするのにには参考になるだろう。
こう言うトレーニング本は弾いているうちに得てして飽きがくるものだが、様々なバリエーションがあって工夫はされているので役立つだろう。

『コンテンポラリージャズピアノ 3 ジャズフレーズ バイリンガル版(コンテンポラリー・ジャズ・ピアノ)』(稲森康利/中央アート)2006年

あらゆる種類のジャズフレーズが掲載されている、フレーズ辞典と言ったところ。しかも、様々な調で演奏できるようになっているので、本書を利用すれば、ピアニストとしても幅が広がるだろう。ビ・バップを基本としたアドリブフレーズなら前半部分の Diatonic フレーズや Altered dominant 7th スケール、プログレッシブなアドリブフレーズを弾きたいのなら後半部分の Perfect 4th Interval フレーズや Pentatonic などを練習すればいいだろう。ただ、左手の Voicing の掲載は冒頭でほんの少し触れられているだけでほとんど掲載されていない。もし掲載すると、相当のページ数になってしまうだろうし、左手は右手のフレーズほどの変化はないわけだから、演奏者が自分で考えればすむことだろうが少々残念ではある。

『藤井英一のジャズアドリブ集 1,2,3』(藤井英一/YMM)2006年

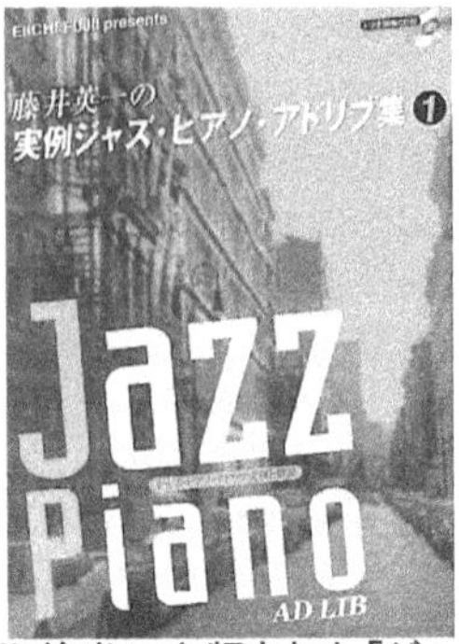

80 年代前半に出版された「ジャズピアノ・アドリブ教本 1.2.3」の再販本、有名スタンダード曲のアドリブ教本と言いたいが、テーマはどの曲も掲載されていない。著作権使用料をケチったのか？「TakeThe “A” Train-type のコード進行による」とか「Autumn Leaves -type のコード進行による」など「～Type」と言うようになっている。テーマがなくてもアドリブの部分はふんだんに掲載されているからいいが、アメリカの教本ではこれとは反対にテーマだけで、アドリブの部分はコードだけが書かれているものがかなりある。
「ジャズ・ピアノアドリブ教本」の時代はカセット付き、本書は CD 付き。音源を聴ききながら練習すれば力はつくだろうが、弾いてみると、何度も同じアドリブ・フレーズが出てきて飽きが来ないこともない。

『藤井英一のモーツァルト・イン・ジャズ』(藤井英一/YMM)2006年

クラシックの名曲をジャズで演奏する試みは、ジャック・ルーシェやオイゲン・キケロなど、昔から多くなされきた。本書はモーツァルトの名曲をジャズ・アレンジで演奏した教本。掲載曲は「ピアノ・ソナタ第 8 番、第 11 番第 15 番」、「アイネ・クライネ・ナハト・ムジーク」、「交響曲 40 番、41 番」、「ピアノ協奏曲第 20 番、23 番」など。上級とあるが、アレンジは総体的にシンプル。左手は「Root と7th」で、右手はシングルトーンが多い。こう言う教本も気分転換には良いだろう。藤井英一はこの他にも「チャイコフスキー・イン・ジャズ」、「ジャパン・イン・ジャズ」、「バッハ・イン・ジャズ」などがある。

『GREAT JAZZ PIANO SOLO1.2』（Wise Publications）2006、2007年

第1巻の掲載曲

『Ain't Misbehavin'（Fats Waller）』、『Between The Devil And The Deep Blue Sea（Diana Krall）』、『Blue Monk（Thelonious Monk）』、『Blue Rondo A La Turk（Dave Brubeck）』『Bouncing With Bud（Bud Powell）』、『Cantaloupe Island（Herbie Hancock）』、『Chelsea Bridge（Duke Ellington）』、『I Wish I Knew How It Would Feel To Be Free（Billy Taylor）』『Innocence（Keith Jarrett）』、『King Porter Stomp（Jelly Roll Morton）』、『Love Is Just Around The Corner（Earl Hines）』、『Moonglow（Art Tatum）』、『My Baby Just Cares For Me（Nina Simone)』、『Song For My Father（Horace Silver）』、『Splanky（Count Basie）』、『Take Five（Dave Brubeck）』、『The Girl From Ipanema（Oscar Peterson）』、『Two Lonely People（Bill Evans）』、『Waltz For Debbie（Bill Evans）』、『Well You Needn't (It's Over Now)（Thelonious Monk）』

第2巻の掲載曲

『Don't Know Why (Norah Jones)』、『Lullaby Of Birdland（George Shearing）』、『Take The 'A' Train（Duke Ellington）』、『Maple Leaf Rag（Scott Joplin,）、『Caravan（Duke Ellington,）、（Tizol, Juan）、（Irving Mills）』、『Misty（Erroll Garner）』、『 Honeysuckle Rose（Waller, Fats）、『Georgia On My Mind（Ray Charles）』

『Ruby My Dear (Thelonious Monk,)』、『Peri's Scope（Bill Evans）』、『Do Nothing Till You Hear From Me（Duke Ellington, Bob Russell）』、『Monk's Mood（Thelonious Monk）』

『In Your Own Sweet Way（Dave Brubeck）』、『Get Your Way（Jamie Cullum）』

『Blues On The Corner（McCoy Tyner,）』、『Desafinado（Jobim Antonio Carlos）』

『Maiden Voyage（Herbie Hancock,）』、『Quiet Night Of Quiet Stars (Corcovado) Antonio Carlos Jobim,』、『Doing The Bird Cage Walk (Later...With Jools Holland)（Jools Holland）』（Gilson Lavis,））、『Now He Sings, Now He Sobs（Chick Corea,）』、『Yesterdays（Dudley Moore,）』

このような Transcription の楽曲集は案外他の本でも同じものが使い回しされているものが多い。その中で、キース・ジャレットの「Innocence」は他の本には掲載されていないと思うが、キースの演奏の特徴がよくあわられているだけに貴重だ。エロール・ガーナーの「Misty」は今では Eb で演奏されることが多いと思うが、本書はガーナーの初録音からのTranscription、Ab で演奏している。この演奏が一番シンプルで美しい。とにかく豪華なラインナップ、大いに参考になるだろう。

『ピアノが飛躍的に上達する60の方法』(鈴木滋人/シンコーミュージック)2008年

言わばピアノ奏法のネタ本と言ったところ。
内容は「POPS 編」、「JAZZ 編」、「CLASSC 編」に分かれているが、全部で60のパターンが掲載されているので、色々学べるだろう。特に高度なテクニックが必要な JAZZ 編の「オクターブのアドリブが上達するフレーズ」、「メロディのリハモナイズが上達するフレーズ」、「自由なモード・アドリブが上達するフレーズ」などは明確でわかりやすいと思う。ただ、どれも8小節程度なので、演奏上、作曲上のヒントにはなっても、ピアノが飛躍的に上達するかどうかはわからない。上達するにはさらに移調して弾いてみたり、様々な楽曲に本書のパターンを使って弾いてみるとかする必要があるだろう。

『Contemporary Jazz Piano』(北條直彦/中央アート出版)2008~2012年

北條直彦は東京芸術大学作曲科出身、同級生に作曲家池辺晋一郎がいる。
ジャズ・ピアニストとして活躍する一方、現代音楽の作曲家でもある。
本書は3巻からなるが、マイルスやコルトレーンが切り開いたモーダル以後のジャズの技法について書いた教本。ピアニスト達で言えばマッコイ・タイナー、ハービー・ハンコック、チック・コリア、キース・ジャレット、リッチー・バイラークの演奏法について書かれている。おそらくこれらのジャズについて、日本人の手によって書かれた教本は他にはあまり見当たらないのと、Bill Dobbins の『The Contemporary Jazz Pianist』と比べてもこの教本の方がより詳しい分析がなされれているので、画期的な教本と言えるだろう。
それぞれをざっと紹介すると、第1巻は「メロディ編」、ペンタトニックの奏法をチック・コリア、リッチー・バイラーク、コルトレーンのアドリブを例に、コード・プログレッションに対して、インサイド、アウトサイドから、また Triad、Polychord からの考察、また Mode 技法の様々な展開及び、Modal Change や Polymode、などについて書かれてある。
第2巻はモーダルハーモニーを中心に書かれてある。「Quartal」、「Quintal」、「Secondal」、「Hybrid」、「Colortone」、などの各モーダル Voicing、コントリー・モーション、コンスタント・ストラクチャーなど。
第3巻は北条自身による「I got rhythm」、「But not for me」、「Summertime」などの楽曲のリハニゼーションとリッチー・バイラーク、ハービー・ハンコック、チック・コリアの楽曲アナリーゼ。

『ひとりでできる◆楽しく弾ける エクセレント・ジャズ・ソロ・ピアノ(CD 付き)』(百々徹/リットー・ミュージック)2008年

なかなかセンスの良い教本だと思う。最初の曲、「展覧会の絵～プロムナード」の演奏はあまりジャズっぽくはないが名前通り百々、いや堂々とした解釈をしている。「Days Of Wine And Rose」は内声の動きなどはとても参考になる。「The Shadow of Your Smile」のラテン的ピアノ奏法は面白い。サティの「Gymnopedie No1」は不用意にアドリブをしてしまうと曲のイメージを台無しにしてしまいそうだが、シンプルかつ色彩豊かな解釈に仕上げているところが良い。また「As Time Goes By」のリハモニゼーションはとても参考にすると良いだろう。楽しみつつトレーニングができる教本だ。CD 付き。

『Berklee Jazz Piano』(Ray Santisi/Berklee Pr Pubns)2009年

著者の Ray Santisi はバークリー音楽大学で長いこと教鞭をとっていたピアニスト。
本書の内容はコードやメロディに対するハーモニゼーション。テンションの導入。Walking bass line、Open Voicing、Upper Structure Triads、Approach note Harmonization、Pentatonic Scales and Chords. Modal Melody and Chords など、一通りのことは掲載されている。本書でしか扱っていない特別な内容があるわけではないし、また 100 ページほどの教本なので、それぞれの実例は触り程度といったところ、それでも説明は明確でわかりやすい。付録の CD で演奏されているのは後半の Etudes の楽曲のみだが、Harmonization、特に Parallel Approach を学ぶにはとても役に立つ。

『ジャズ・ピアノ・メソード理論とトレーニング』(岩瀬章光/サーベル社)2012年

様々なスケール練習、テンションを含んだ左手のボイシング、スプレッド(左手の Root と 7th、Root、と 3th を含む)、オープンボイシングとドロップ2、Upper Structure Triad と、コードワークに関しては一通り学べる。それもいろんな key で練習できるところが良い。例えば 105p～117p に掲載されている、Drop2 などは他の教本だと実例が1、2つ示されているだけのものが多いが、本書では全ての key で練習ができる。トレーニング本としてはなかなかの良書である。

『ピアノ・ソロ上級 JAZZ 名曲をピアノで 40 の名曲その 1』(ヤマハミュージックメディア)2012 年

掲載曲は「The Things You Are」、「Lullaby Of Birdland」「Take The "A" Train」、「A Night In Tunisia」「Satin Doll」、「Nica's Dream」など40曲、上級者用。「The Things You Are」、と「Someone To Watch Over Me」などはかなり弾きごたえのあるアレンジになっている。また「Blue Monk」は、セロニアス・モンクの演奏の特徴がよく表現されている。それにしても、このようなジャズ曲集を弾く姿がよく動画サイトにアップされているのが、複雑なアレンジで、ミストーンがないにもかかわらず、弾いている姿は何かぎこちなさを感じる。要するに譜面通り弾いて即興ではないので自分の音楽になっていないのである。従って、本格的にジャズピアノを弾きたい人はこのような曲集はあくまでも参考程度にするべきかもしれない。

『Adlib Method for Jazz Piano1.2』(川島茂/中央アート出版)2013 年

12の key で練習する教本。先に紹介した藤井貞泰の教本でも述べたので繰り返しになるが、ジャズの楽曲は長調なら C、F、Bb、Eb、単調なら Am、Dm、Gm、Cm と b 系の曲が圧倒的に多い。しかし、転調や代理和音などが随所に表れることを考えると 12 の key で練習することで、ピニストとしての技術や音楽性が広がるというものである。藤井貞泰の教本が左手の掲載が一切ないのと比べ、本書はちゃんと左手のコードが書かれているので練習しやすいだろう。毎日のトレーニングにはオススメの教本である。

『ビック・バンドジャズ編曲法』（北川祐/きゃたりうむ出版）2013年

ブルーコーツ、東京ユニオン、ニューハードなど日本にも多くのビックバンドが存在した。また歌謡曲の伴奏をビックバンドがやっていた。それはビックバンドの編曲を学ぶということはポピュラー音楽の編曲を学ぶということでもあった。今ではプロのビックバンドはほとんどなくなってしまいいたが、学生のビック・バンド活動は盛んなようだ。本書はセクッションパートを増やしながら、テンションとアプローチノートの区別などハーモニゼーションのアプローチ（解決）方法については細かく書かれてある。ただ、本書はエクササイズが全くないので、ビック/バンドの編曲をしたい人がどのページから手をつけていいのかきっかけがつかめないのではないだろう。テーマごとに、あるいは章ごとにエクササイズを設けて、この技法がわかればここまで作れるというような、段階的な構成にして欲しかった。

『The Jazz Harmony Book』(David Berkman/Sher Music Co) 2013年

本書はメロディーに対してどのような効果的なハーモニーをつけるかと言うハーモニゼーションの教本。基本的なドミナント・モーションのコード進行から始まって、「Passing Diminished 」、「 Modal Interchang 」、「 TRITONE SUBSTITUTE」、「Diminishied Chord」と、リ・ハモニゼーションについて詳しく書かれている。

どれも4小節程度だが「Take the A train」、「The girl from ipanema」、「Body and Soul」、「Silent Night」、「Night and Day」と言った有名楽曲についてのハーモナイズの実例が示されているが、「These Foolish Things」、「In a Sentimental Mood」は一曲丸々、ハーモナイズされている。CD が2枚ついているので、効果的な学習ができるだろ

『An Approach to Comping: The Essentials』(Jeb Patton /Sher Music) 2013年
『An Approach to Comping Vo.2: Advanced Concepts & Technique』(Jeb Patton /Sher Music) 2016年

本書はコンピング(バッキング)の教本である。ジャズピアニストにとってコンピングの練習はとても重要だと思う。一人でピアノを弾くのも良いが、他の演奏者とのセッションは楽しい。またピアニストがコンピングを行なっている時は他の演奏者のサポート役になっていると言うことだから、それは自分の中の他者性を促進し、それによって自らの演奏も成長させると言うものだ。
私が、「枯葉」や「サテン・ドール」を下手は下手なりに弾けるようになり、今度はサックス、ギター、ピアノトリオでセッションを行なった時、どこにどう、カンピングを行えばいいのかそのタイミングをつかむことが難しかった。またサックスがソロをとった時、ギターとピアノのコードが重なってしまい、困ったことがあった。コンピングに特化した教本は他にもあるが、本書は特にお薦めである。
第1巻(左)の前半は三連符のリズムでコードを刻むことが中心になっている。それによって、jazz のリズム、"乗り"を体得し、カンピングに結びつけようと言う構成。第2巻(右)は有名プレイヤー(ビル・エバンス、マッコイ・タイナー、ハービー・ハンコックなど)のカンピング例が多く示されている。また付属の CD に収められている、音楽は音質がとてもよいし、サックスやトランペットの演奏が入っているので臨場感があって素晴らしい。

『100 JAZZ LESSONS KEYBOARD LESSON』(Brent Edstrom, Peter Deneff / Hal Leonard Corp) 2014年

なかなか面白い教本である。
100 LESSON というくらいなので、Scales、modes、jazz styles、improvisation の方法、harmonic voicings などについて、100の様々な演奏法が掲載されている。「Altered Dominant Scale」、「Arpeggiating「Through the hanges 」、「Funky Comping」、「Drop-2 Voicing」、「Scale-Tone Voicing」、「Bebop Blues」、「Power Voicing」、「Extended Harmony」、「Using Diminished Scales」、「Comping Concepts」、「Pentatonic to Mixolydian」、など。ただ、どれもさわり程度。一つ一つの LESSON が詳しいわけでないので、こういう方法もあるのかと参考にするには良いだろう。

『Jazz theory』(Dariusz Terefenko /Routledge) 2014年

465ページに及ぶ大著なので、難解な本と思いがちだが、内容はとてもわかりやすい。特に Bebop の説明は「Confirmation」、「Moose The Mooche」を実例としているが、ジャズのアドリブの基本がどうやってできているかが、とても詳しく説明されている。他に「Pentatonics And Hexatonics」の章ではスケールとはコードの関係をわかりやすく説明している。「Post Tonal Jazz」の章では Semitone でぶつかるクラスターのようなハーモニーを多く掲載しているのでプログレッシブなジャズを理解するのに参考になる。DVD 付き(ただし映像ではなく音源)

『Hal Leonard Jazz Piano Method: The Player's Guide to Authentic Stylings』(Mark Davis/ Hal Leonard Corp)2015年

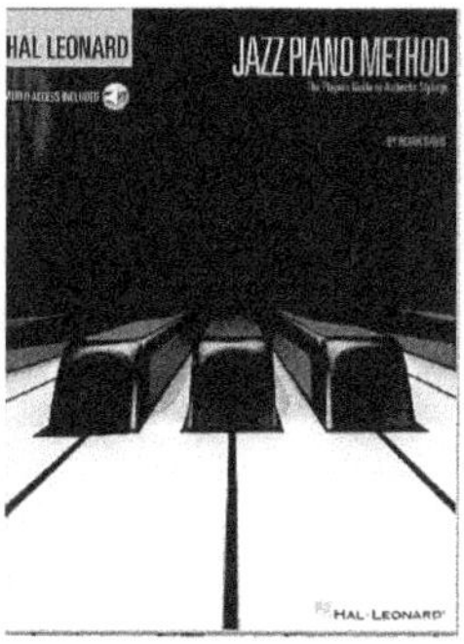

基本的なスケール、コード、ボイシングから始まっているが、特に5章から7章まではアドリブをどのように行うかの説明が詳しい。特にアプローチノートの使い方などが身につくだろう。
Upper Structure とか Poly Chord などプログレッシンブな理論の説明はないが、Bebop の演奏を中心に、Jazz piano 初学習者には最適な教本と言って良いだろう。
掲載されている楽譜は全て Web よりダウンロードできる。

『音楽の原理』(近藤秀秋/ アルテスパブリッシング)2016年

576 ページに及ぶ大著。
「音楽は音楽からは作れない」ということを考えれば本書のように音楽をあらゆる角度から論じるのは宜なるかなと思う。と言うのも人間は物質的な存在であると同時に無意識を含めた自己意識を持つ存在と考えれば、観察者の立場だけでなく内的な作動のまま、変化のままに自己と世界がどう繋がっているかを常に考察する必要があるからだ。ジャズに関しては40ページほどだが、特徴的かつ重要なポイントが抑えられている。とにかく手に取ってみていただきたい。音楽と言うより、音に関する全ての専門家、学習者にオススメしたい。

本書で取り上げたJazz piano 教本の中で特にオススメのものをピックアップしました。（ただし曲集やTranscription（コピー集）は除きました。）、詳しくは本文をご覧ください。

入門、初級

＊『Hal Leonard Jazz Piano Method: The Player's Guide to Authentic Stylings』（Mark Davis）
＊『Jazz Piano Concepts & Techniques』（John Valerio）
＊『Hal LEONARD KEYBOARD STYLE SERIES・BEBOP JAZZ PIANO』（JOHN VALERIO）
＊『A Classical Approach to Jazz Piano Impovisation』（Dominic Alldis）
＊『Adlib Method for Jazz Piano1.2』（川島茂）
＊『やさしいジャズ・ピアノ講座』(西直樹)
＊『CD付 藤井英一のジャズピアノトレーニング』（藤井英一）

中級以上

＊『The Jazz Piano』（Mark Levine）
＊『コンテンポラリー・ジャズ・ピアノ 1・2』（稲盛康利・北條直彦）
＊『Jazz Piano Solo Piano Concepts』（Philipp Moehrke）

上級

＊『The Contemporary Jazz Pianist1～4』（Bill Dobbins）
＊『Contemporary Jazz Piano1～3』（北條直彦）

作・編曲、理論教本

＊『MESAR HAUS THEORY step』（佐藤允彦）
＊『実用ジャズ講座』(藤井貞泰)
＊『コンテンポラリー・キーボード・コードワーク』（林知之）
＊『実用ポピュラー音楽編曲法』(川上源一編纂)
＊『アレンジ入門講座』（北原英司）
＊『The Contemporary Arranger』（Don Sebesky）
＊『ジャズ&ポップスセオリーシリーズ 編曲』（平野孝幸）

4. Web 学習について

先に紹介したルーツ音楽院がジャズピアノの通信教材を作ったのはだいぶ前だが、10年ちょっと前に、それを Web で学習できるコースにしていたことがあった。今はやってないようだが、それを見た時はついに学習環境もここまできたかと思ったものだが、今ではそれが一般的してきている。バークリー音楽大学も Web コースで学位が取得できるし、インターネットによって学習環境は随分と変化している。また最近日本の音楽大学の多くにジャズポピュラーコースが誕生し、以前のように、昼間は音大でクラシック、夜はジャズ・ポピュラー音楽スクールと言うような、住み分け、ダブルスクールは今後はなくなって行くのかも知れない。そうした学習環境の多様化、少子化もあってか武蔵野音楽学院、ラブリーミュージックスクール、パン・ミュージック・スクールなどすでに廃校になったジャズスクールも多い。それだけ生存競争も激しいと言えるだろう。

そのような状況下で、新しい学習スタイルを2つほど紹介したいと思う。

＊Udemy（https://www.udemy.com）

今では、Web による学習サイトはたくさんあるが、誰でも利用できるという点で、Udemy をを紹介したいと思う。

Udemy は現在までマーケティング、ビジネススキル、外国語、Web デザインなど5万5千の講座がある。音楽では、作曲、(ジャズ、クラシック)ピアノ、ギター、ボイストレーニング、理論、DTM などが受講できる。そのうちジャズピアノは、300ほどの講座があった。(左図参照)

どの講座も最初は1講座、5000～6000円くらいかかるのだが、徐々に1700円くらいに値引きされる。1700円なら、数万円で、大学四年分の勉強ができるというものだ。親切で、わかりやすいもの、レベルの高いものもある。1講座の中の 1 レッスンは、5分から15分くらいというのも、受講しやすい。大学だと1授業は90分だが、もはや今の学生は90分の授業に耐えられる集中力などないだろう。こういう学習サイトができると、もはや大学との違いは学位が取れるか、取れないかだけか？いやそうでもない、ジャズピアノの講座を試しに受講してみたが、ひどいのもあった、例えば、オスカー・ピーターソンの演奏法なら、youtube の Transcription を見るようにリンクが貼られていたり、他のサイトばかり使って、講義がされていた。それとここで講義を行なっている人たちは教員ではなくインストラクターなのである。では教員とインストラクターの違いとは何か。私が思うには教員は冗談を言ったり、自分の体験談、失敗談、自慢話を交えるなど、そうした人間的な魅力とコンテンツが一体なって学生たちの関心を引くだろうが、インストラクターはやくに立つと思われる要点だけを教えるのである。それに、人気のある講座は高収入になるだろうが、受講者の集まらない講座は打ち切りというのもあるだろう。

＊Scribd（https://ja.scribd.com）
このScribdというサイトはオープン出版プラットフォームで、現在までWeb上に6千万の様々な本・文書がアップされている。ジャズ教本も大量にアップされているが、無料コースと有料コースがあり、有料コースでも1ヶ月1000円位で、いくらでも本がPDFでダウンロードできるのである。

利用して見ると、わずかな時間で、ジャズ教本が大量にダウンロードできたのである。
私がここで紹介したものや、今まで苦労して（？）購入した教本もかなり含まれている。他にもビック・バンドの「In side score」「リディアンクロマチックコンセプト」、ドン・セベスキーやヘンリー・マンシーニの教本など、ディックグローブという音楽学校の教本もあった。（下図参照）

　また、ジャズだけではない、クラシックやロック、ポップスのスコアも大量にある。購入すればかなりの高額になるだろうが、何冊ダウンロードしても1000円程度なのである。
利用者としては、まことにリーズナブルで魅力的だろうが、著者の身になって考えれば、せっかく出版したものの、このようなサイトにアップされると、ほとんど利益にならないかもしれない。
　ただ、別の見方をすれば、お互いファイルをシェアするなら、全体としてお金がかからないシェア社会も必ずしも悪いとは言えない。何しろ日本では、1年間に700万トンのまだ食べられる食料が廃棄されているし、本にしても同じような本が自転車操業的に大量に出版され、処分されているのである。そういう意味で、今行うべきことは、必要な人に必要な情報を届けるという、過度にものを所有しない自己意識改革なのである。本書の理念もそこにある。

学習法について

すでに言い尽くされたことも多いかもしれないが、ジャズ教本の学習についてまとめて見たい。

＊一冊を完璧に仕上げる
　何も、ジャズ教本に限らす、受験勉強のテキストや各種資格試験にも当てはまることだが、特に未知の分野にチャレンジするときは、まず1冊の教本を完璧に仕上げることである。1冊仕上げるまでは、他の教本に手を出さないことである。そのためには分厚い教本より、なるべく薄い本がいだろう。1冊完璧に仕上げ、どこのページに何が書いてあるか、丸暗記するくらいが良い。ジャズは即興なのだから、まるまる暗記（暗譜）することなど意味がないと思うかもしれないが、最初の段階では、まず暗譜は必要である。暗譜には反復練習が不可欠である。音楽も日常言語より抽象的はあるが、一種の言語である。従って反復することで細胞間をつなぐ新しいニューロンが形成され、言葉と言葉、音と音との

連関システムが自然に身につくのである。それに1冊仕上げれば自信つき、2冊目、3冊目に進んだ時の学習効率も向上すると言うものである。

***コピーの重要性**

言語機能である四則の中で、ディクテーション(「書くこと」「聴くこと」を同時に行うこと)と、音読(「話すこと」「読むこと」を同時に行うこと)は言語の習得の有力な方法である。
それを音楽に例えるなら、前者は聴音、後者は視唱と言うことになるだろう。

昔、教本が何もない時代はレコード・コピー(聴音をコピーと言い換えても良いだろう)が唯一の学習法であったが、現在でもそれはとても有効な方法だと思う。現在のようにTranscription が多く存在する時代であっても、まずは自分でコピーをしてみることをおすすめする。

***継続して学習するには**

どうやったら上手く演奏できるようになるかは、すなわちどうやったら継続できるかということだろう。そのための答えはすでに出ていると思う。それは「マスターしたいことを生活の一部に組み込む」または「それを仕事で使う」ということである。例えば日本人で英語が上手な人は、必ずといっていいほど、英語を使わなければ生活できない環境に身を置いていたか、仕事で使っていた人たちである。また高校時代に学んだ、「物理」や「漢文」などは、ほとんどの人は忘れているだろう。覚えている人がいるとするなら。それは物理の研究者や、漢文の教師である。それは彼らが仕事として毎日使っているからである。従ってたまに学校で学ぶくらいでは、何事もマスターなどできないのではないだろうか。

アマチュアで演奏が上手い人に私は未だかつてほとんどあったことがない。上手い人はプロなのである、だからうまくなるにはプロになればいいのである。まぁ、そう言ってしまうと身もふたもないかもしれないが、まずはライブで入場料を取って、演奏して見ることである。大学もジャズスクールもお金を払って学んでいると思うが、逆にお金をもらって学ぶでは、心構えがまるで違うのである。

***固定した価値観などない**

よく歌や吹奏楽器の演奏で、腹式呼吸の大切さを強調することがあるだろう。だからと言って、お腹にだけ意識を集中して、お腹を膨らませたり、しぼめたりすると、うまくいかないことはないだろうか。そもそも呼吸はどこでしているのか?そう問うと、多くの人は、「肺」、「口」、「鼻」、大体その3つを答えるのではないだろうか。しかし、その答えでは十分とは言えない。正解は「体全体に毛穴があって体全体で呼吸をしている」のである。もっと言えば「地球全体が呼吸している」、「宇宙全体が呼吸している」のである。地球や宇宙といってしまうとフィクションの世界になってしまうが、要するに何が言いたいかと言えば、人は言葉で事物を「分化」、「分別」し、フレームや境界を作り、それに執着しようとするのである。私たちは「山」といった場合、富士山のような山をイメージするだろうが、山は独立した存在ではなく、「木」や「石」、「砂」など様々なものが関係しあって成立しているのであって、「山」という言葉は言葉上の分別した「山」という一時的な固定制に過ぎないのである。禅の教えにあるように「言葉は月を指す指に過ぎない。」

例えば、「ジャズ教本」の存在価値を示すには、「ジャズ教本」より大きな物差し、つまり「音楽」という境界で位置付けられる必要がある、さらに「音楽」を位置付けようとするなら今度はもっと大きな「社会」という物差しで位置づけられる必要がある、さらに「社会」は「歴史」という物差しで位置づけられる必要がある。そのようにさらに大きな物差しという境界を求めた結果、すべてのものを価値づける境界が必要になる、それを「世界」と言って良いだろうが、その「世界」を評価しうる価値基準などもはやどこにも存在しないのである。 従って「ドミナント・モーション」でうまく演奏できることは立派ではあるが、それはあくまでもそのシステムを共有している、フレーム内、境界内で価値があるということに過ぎないということを心がけておく必要があるだろう。

編著者

河合孝治（本名：河合明）

サウンドアーチスト、学際芸術研究家、「アート・クロッシング」エディター
慶應義塾大学大学院、日本大学大学院芸術学研究科修了。
ISEA 電子芸術国際会議、サンタ・フェ国際電子音楽祭、ブールジュ国際電子音楽祭、チリ・サンディアゴ・国際電子音楽祭 "Ai-maako2006"、ETH デジタルアート週間（**スイス**）、プロジェクト・メディア・スペース SonicChannels（**ニューヨーク**）、**ISCM** 世界音楽の日々2010(オーストラリア)、Opus medium Project、東京創造芸術祭などで、パフォーマンスや作品を発表。

https://www.kawaiarts.com
metamujp@gmail.com

TPAF
1-42-8-107 Minamiogikubo, Suginami-ku,Tokyo,167-0052,Japan
Author and Edited by Koji Kawai, Akira Kawai

編著者：河合孝治、河合明
発行：TPAF

www.ingramcontent.com/pod-product-compliance
Lightning Source LLC
Chambersburg PA
CBHW020021050426
42450CB00005B/582
9784906858194